Luzie Irene Pein

Ausritt

In

Unbekannte

Welten

Kurze Geschichten

Bibliografische Information der Deutschen Nationalbibliothek: Die Deutsche Nationalbibliothek verzeichnet diese Publikation in der Deutschen Nationalbiografie; Detaillierte bibliografische Daten sind im Internet über www.dnb.de abrufbar.

Herstellung und Verlag: BoD – Books on Demand, Norderstedt
ISBN:978-3-7568-3307-8
Preis:10,90€
Herz/Bild/Covergestaltung:© Luzie Irene Pein Texte: © Luzie Irene Pein / 2022

INHALT

ASSOZIATIONEN

Wenn das entfärbte Laub
tänzelnd im Windhauch zu Boden fällt

Wenn die Sonnenglut
den Tag nicht mehr erhellt

Wenn schillernde Farben
vom Dunstschleier eingehüllt sind

Wenn Äcker und Wälder
unbestellt brach liegen

Dann rütteln Reflexionen dich wach
die vorher an dir abgeprellt

ABSCHIED VON OMA

„Luzchen, mein Mädchen, kannst du mir bitte noch mal meine Haare kämmen?"

„Ja, Oma."

Sie saß, mir die Rückseite zugewandt, an meinem Bett.

Ich richtete mich auf und nahm die kleinen Kämme aus ihrem hochgesteckten Haar, das über ihre Schultern hinunterfiel und ihren Rücken bedeckte.

Behutsam kämmte ich ihre Haarpracht.

Sie sagte: „Danke mein Mädchen, jetzt ist alles gut, ich habe dich lieb", und ich schlief ein.

Damals verstand ich den Traum nicht….

***

Ich stand, 15-jährig, vor dem geöffneten Sarg in der Leichenhalle und zitterte am ganzen Körper. Tränen liefen unaufhörlich über mein Gesicht, ich konnte sie nicht unterdrücken. Meine über alles geliebte Oma war gestorben.

Sie sah so friedlich aus – aber wer hatte nur ihre, schönen, langen Haare gekämmt? Es tat mir weh, sie so anschauen zu müssen. Ihr geliebtes langes Haar, das sie immer so gepflegt hatte, sah unordentlich aus. Ich fühlte mich irgendwie schuldig, warum konnte ich ihr nicht mehr die Haare kämmen?

Jahrelang beschäftigte mich das Bild von der Leichenhalle in meinen Träumen.

***

Am 22. März 1945 nachmittags kam meine Oma mit ihren Töchtern in einem Treck aus Westpreußen in Schönemoor an. Der war Ende Januar 1945 aus dem Ort Bliesen, Kreis Graudenz, aufgebrochen. Bis zu diesem Tag auf der Flucht wurden sie von einer sehr freundlichen Familie aufgenommen. Aber auch an diesem Ort gab es Fliegeralarm und Bomben. Die Kriegswirren verschonten in dieser Zeit nur wenige.

Meine Mutter zog dann auf Anraten Verwandter von Schönemoor nach Lippstadt in Westfalen, wo sie eine Arbeit fand.

Hier lernte sie meinen Vater kennen und heiratete 1946. Sie hatten zwei Söhne, als ich 1950 geboren wurde.

Aus diesem Grund kam meine Oma im Herbst 1950 mit ihrer jüngsten Tochter auch nach Lippstadt um meine Mutter zu unterstützen.

Von da an war ich OMAS MÄDCHEN und blieb es auch.

Aus Platzmangel musste ich mit meiner Oma und ihrer jüngsten Tochter in einem Bett schlafen. Ihrer Tochter, meiner Tante, war es nicht recht. So vergingen die Jahre.

Mutter ging morgens um vier Uhr zum Bauern Kühe melken und hatte sehr viel mit Haus, dem großen Garten, uns Kindern zu tun. Und die Eltern meines Vaters, in dessen Haus wir alle wohnten, waren auch zu versorgen.

Aber meine Oma war für mich da, beschützte mich, wenn ich sie brauchte. Und ich brauchte sie immer – und sie mich.

Meine Oma hatte sich als junge Frau bei der Feldarbeit mit dem rechten Unterschenkel am Pflug verletzt. Diese Wunde verheilte trotz mehrerer Hauttransplantationen nie. Als ich 10 Jahre alt war – meine Tante war längst verheiratet und Mutter – zogen wir aus dem kleinen Haus meiner anderen Großmutter in unser neues Haus um. Hier schliefen meine Brüder, mittlerweile drei, in einem Zimmer, in dem anderen meine geliebte Oma und ich.

Oma schlief aufgrund ihrer Schmerzen sehr schlecht, litt still, beklagte sich nie. Nachts hörte ich sie oft leise weinen.

Wenn ich mittags aus der Schule kam und gegessen hatte, setze Oma sich an den Küchentisch. Ich nahm ihre kleinen Kämme aus ihrem langen Haar und kämmte sie.

Es dauerte nicht lange und sie schlief ein. Sie schnarchte leise, und wenn sie damit aufhörte, kämmte ich weiter. Es tat mir gut, sie so schlafend sitzen zu sehen.

Die Schmerzen konnte ich ihr leider nicht nehmen.

***

Viele Jahre sind vergangen, und ich habe nicht mehr an den Traum gedacht. Dann lernte ich eine liebe Person kennen. Diese erzählte mir viel von ihren Träumen und wie sie damit umgeht.

Traumdeutung. Ein großer Begriff. Aber durch meine Freundin lernte ich, mit meinen Träumen umzugehen. „Träume, vor allem Albträume, sind die verborgenen Botschaften der Seele", sagt sie, „und sie helfen uns, wichtige Fragen zu entschlüsseln."

Eines Abends, als ich wieder mal an meine geliebte Oma dachte, verstand ich plötzlich meinen immer wiederkehrenden und mich so belastenden Traum in meiner Jugend …

Ich hatte meine geliebte Oma einfach nicht loslassen mögen, wollte keinen Abschied nehmen. Dadurch habe ich mich jahrelang unbewusst gequält.

Erst im Alter von 34 Jahren konnte ich es wirklich: "Ja, meine liebe Oma, jetzt ist alles gut."

ALPENGLÜHEN

In der Höhe der azurblaue Himmel, in der Tiefe die dunkelgrünen Wälder und Auen. Ich in der Mitte. Blicke zur Bergspitze hinauf. Sie ist von golddurchfluteten Wolken der Sonne umarmt.

Das Geschrei eines Adlers, der sich von den Aufwinden tragen lässt, vermischt sich mit den Hufschlägen der Gämsen in der Steilwand. Es wird ein schwerer Aufstieg sein, das ist mir bewusst. Mit einem Stecken in der Hand betrete ich den steinigen Pfad zum Gipfel hinauf. Ich bin auf der Suche nach etwas.

Ein geweihloser Hirsch kreuzt den Weg zum Alpenpass. Murmeltiere lugen aus einer Felsspalte heraus. Schnüffeln in der Luft. Sie begleiten mich eine Weile auf dem beschwerlichen Weg.

Wie aus dem Nichts erbricht sich ein eiskalter Fluss aus dem Erdreich. Die Sprudelquelle strömt den Steilhang hinab, das Wasser des Berges vermischt sich mit meinen Tränen. Ich klettere tapfer weiter hinauf. Liebe und Sehnsucht treiben mich voran.

Eine aufkommende Brise haucht Liebkosungen auf meine Wangen, das tänzelnde Gras der Almwiesen raunt mir zu: "Geh heim!"

Doch ich steige weiter, vorbei an im Wind ächzenden Baumwipfeln.

Auf Buchenästen lassen sich Finken von der Luftbewegung schaukeln, zwitschern dessen ungeachtet ihre Melodien.

Dunstschleier ziehen auf, hängen wie ein schwerer Vorhang zwischen den Tälern. Es ist Zeit zur Umkehr – zu gefährlich, sich bei diesen Wetterkapriolen im Gebirge aufzuhalten.

Als ich mich zum Abstieg kehre, entdecke ich sie im Lawinengeröll. Golden erglüht, durch die letzten Lichtstreifen der untergehenden Sonne. Entzückt von ihrer Schönheit will ich sie pflücken, die geheimnisvolle Blume der Liebe. Die Alpenrose soll ewige Liebe prophezeien. Ich mache ein paar vorsichtige Schritte, beuge mich zu ihr hinab, rutsche im Geröll aus und falle.

Bevor ich zwischen zwei Welten entschwinde, erscheint vor mir eine schleierhafte Gestalt. Sie breitet ihre Arme aus und fängt mich auf.

Ich öffne die Augen und schaue in das liebevolle Gesicht.

„Du hast geträumt. Ich liebe dich!", sagt er und drückt mich an seine Brust.

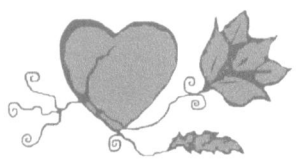

ANMUTIGER LIEBESTANZ

Judith hatte sich explizit für diesen Urlaubsort entschieden, abgeschottet vom Trubel der sogenannten Spaß-Touristen. Sie hatte eine Auszeit, einen Tapetenwechsel, dringend nötig gehabt. Es war der Geheimtipp ihres Nachbarn gewesen, für alle, die die Abgeschiedenheit fernab der Zivilisation suchen. Hier wollte sie Ruhe und ihre Gelassenheit wiederfinden. Ohne Smartphone, SocialWeb mit Facebook und Co. Aber das war wohl ein Irrtum ihrerseits.

Seltsame Klänge hatten Judith in der Morgendämmerung geweckt. War es ein Open-Air-Konzert? Ein Lockruf aus der nahe gelegenen Wildnis? Aber von wem? Da Judith mit gesunder Neugier gesegnet war, die Natur und Tiere liebte, wollte sie die Gegend ohnedies erkunden.

Und so stand sie um fünf Uhr im Morgengrauen vor dem Nachtportier, um sich den genauen Weg ins Moor beschreiben zu lassen. Doch der Concierge riet Judith

19

von einer Tour am frühen Morgen ab. Es sei zu riskant. Sie könne sich verlaufen und tiefer in den Sumpf hineingeraten.

„Warum schließen sie sich nicht der geführten Wanderung am Nachmittag an, das ist sicherer."

„Nein", entgegnete Judith, „Ich gehe lieber allein!" Sie wollte ja an keiner Völkerwanderung teilnehmen. Der „Geheimtipp" ihres Nachbarn hatte sich nämlich als Tummelplatz für Anthropologen erwiesen und war von ihnen für ihre alljährliche Expedition mit anschließendem Meinungsaustausch gebucht worden. Natürlich waren einige mit ihren Partnern angereist.

Aber das wollte sie dem Hotelportier nicht gerade auf die Nase binden. Wusste Judith ja, wie schnell der Flurfunk Klatsch und Tratsch versendet.

Nur ungern händigte der besorgte Mann in der Portierloge ihr schließlich eine Wegeskizze durch das Moor aus, nicht ohne nochmals zu betonen, wie wichtig es sei, auf den befestigten Pfaden zu bleiben.

Judith bedankte sich und brach sogleich auf.

Beschwingt folgte sie dem beschilderten Wanderweg zum Moor hinaus. Dichte Nebelschwaden lagen noch über den Sumpfwiesen, als sie achtsam den Steg zur Auenwiese betrat. Sie musste auf der Hut sein, denn die Holzplanken der Brücke waren vom Tau glitschig, etliche sogar morsch. Bedächtig tastete Judith sich Schritt für Schritt vorwärts.

Langsam kamen ihr doch Bedenken. Was mache ich hier eigentlich? Wäre ich um diese Zeit nicht besser noch etwas im Hotelbett geblieben? Und wie zur Bestätigung dieser Überlegung rutschte Judith, erschreckt durch plötzliche Laute wie aus einer Trompete, auf einer Planke aus, glitt mit einem Bein unter die Absperrung und plumpste der Länge nach hin.

Autsch. Das tat weh!

Sie rappelte sich auf, strich ihre durchnässte Hose glatt, betastete vorsichtig die Beule am Hinterkopf und ging trotz Brummschädel weiter auf eine Blumenwiese hinaus. Die Trompetenklänge wurden lauter. Neugierig lief sie über die Wiese, um zu sehen, wer diese hell klingenden Töne von sich gab.

Und dann sah Judith im Dunstschleier die musizierenden Darsteller. Mit weit geöffneten Fächern vollführten sie ihren rhythmischen Balztanz.

Sie hüpften und umkreisten berauscht die Begehrenswerten. Verneigten sich graziös: Warben augenfällig um die Liebesgunst der Umschwärmten. Stelzten leidenschaftlich, um auch sich selbst in Wallung zu bringen.

Auch Judiths Herz klopfte wild, als sie dem Tanz der Vögel begeistert zusah. Aufgewühlt wie kaum sonst einmal. Fasziniert von den harmonischen Bewegungen der verliebten Vögel ließ sie sich mitreißen, an ihrer Tanzveranstaltung teilzunehmen. Impulsiv zog sie ihre Schuhe aus und drehte sich barfuß im nassen Gras.

Als sich der Morgennebel zu lichten begann, stiegen einige Kranichpärchen der aufgehenden Sonne entgegen. *Für dieses Erlebnis lohnt es sich früh aufzustehen*, dachte Judith, zog ihre durchweichten Schuhe an und schlenderte beglückt zum Hotel zurück. Aber irgendwie fühlte sie sich auf dem Rückweg beobachtet. Waren das Schritte auf dem Steg, verfolgte sie jemand? Sie blieb stehen und lauschte. Doch außer den feiernden Trompetern nahm Judith nichts wahr. Verrückt, das Geräusch war wohl nur in ihrem Kopf. *Hoffentlich habe ich keine Gehirnerschütterung!*

Judith beschloss, sich bis zum Candle-Light-Dinner in ihre Suite zurückzuziehen. Um zur anschließenden Tanzveranstaltung in der Hotellounge fit zu sein. In Gedanken versunken malte sie sich den kommenden Abend aus.

***

Eine Tablette gegen ihre Kopfpinne, die nadelstichartigen Schmerzen, und die anschließende Ruhephase hatten Judiths Dickschädel wieder frei gemacht. Insgeheim hoffte sie aber, dass keiner der alleinstehenden Herren sie zum Tanz auffordern würde. Ich werde sagen, ich habe Migräne, nahm sie sich vor. *Das stimmt ja auch irgendwie!* Und die Beule am Kopf war ja auch nicht wegzuleugnen.

Nach dem Dinner hatte es sich Judith gerade bequem gemacht, als dann tatsächlich geschah, was sie befürchtet hatte. Sogar noch weit schlimmer, als es erwartbar war.

Habe ich Halluzinationen oder ein Schädelhirntrauma? Wer oder was ist das? Pfeilgeschwind griff Judith nach der Getränkekarte und verbarg ihr Gesicht dahinter. Denn flotten Schrittes und ohne sich sonderlich darum zu scheren, ob die Anwesenden im Raum auf ihn aufmerksam wurden, stakste ein langer dürrer Kerl geradewegs auf sie zu.

Im schwarzgrau gestreiften Frack und mit seinen streng nach hinten gekämmten Haaren sah der Mann urkomisch aus. Mit einer unbeholfenen Geste verneigte er sich vor Judith und richtete sich alsdann kerzengerade vor ihr auf.

„Was ist?", fragte Judith gereizt, als sie aufschaute.

„Ähm ... ich ... ich ... ich wollte ...", stammelte er, sichtlich unsicher geworden.

„Was wollten Sie?", legte Judith abweisend nach.

Von Judiths barschem Ton irritiert, verschlug es ihm die Sprache. Er wusste offenbar nicht, was er darauf antworten sollte. Verdrießlich schaute er sich um. Die Gäste in der Lounge blickten teilnahmslos drein. Zumindest war das seine Wahrnehmung.

Nachdem der Mann sich wieder im Griff hatte, nahm er all seinen Mut zusammen und sang laut mit seiner Fistelstimme, „Wie der verliebte Kranich, bitte ich zum Tanze, Dich, Dich, unbekannte Schöne".

Amüsiert von seiner Darbietung schauten Judiths Tischnachbarn auf.

Oh nein! Hat mich dieser Mann heute Morgen beim Tanz mit den Kranichen be-

obachtet? Hatte sich dieser herausgeputzte Mensch etwa Nachhilfe bei den Vögeln geholt, um bei ihr zu landen? Judith rollte die Augen angesichts seiner aufgeblasenen Pose.

Warte Bürschchen, das erlebst Du nur einmal, sagte sie sich. *Dich werde ich genauso vorführen, wie du mich gerade vorgeführt hast!*

Mit einem aufgesetzten Lächeln beantwortete Judith sein Ansinnen ebenso laut und deutlich, dass es alle Gäste hören konnten. „Lieber Herr, ich kenne Sie nicht und werde hier bestimmt keinen Balztanz mit Ihnen aufführen! Es wird Zeit, dass Ihnen mal jemand andere Flötentöne beibringt!"

Mit dümmlichem Gesichtsausdruck und von schallendem Gelächter begleitet, stürmte der Frackträger aus der Hotelhalle hinaus.

AUF DER FLUCHT

Irene Horsthemke, geb. Dzwiontek, kam am 11.04.1932 in Bliesen, einem kleinen Ort in Westpreußen auf die Welt. Sie ist meine Tante. Ihre Heimat musste sie am 25.01.1945 für immer verlassen, ein Schicksal, das sie mit Millionen Flüchtlingen teilt. Erst in diesen Tagen hat die nun fast Neunzigjährige die Kraft aufgebracht, mir von ihrer schrecklichen Erfahrung der Vertreibung zu erzählen.

Der Fluchttreck ihrer Familie war mit Pferdekarren und zu Fuß über zwei Monate unterwegs, vom 25.01.1945 bis zum 22.03.1945. Etwa 1000 Kilometer von Bliesen (heute Blizno) im ehemaligen Westpreußen bis ins niedersächsische Schönemoor. Über Stolp (heute Słupsk), Colberg (heute Kolobrzeg), durch die Tucheler Heide (heute Bory Tucholskie), Bromberg (heute Bydgoszcz), Schneidemühl (heute Piła), Stettin (heute Szczecin) und durch ausgebombte Städte und Dörfer über Berlin und Bremen. Über die

Weichsel, Oder, Elbe und Weser. Ich solle es aufschreiben, meinte sie, damit dieses Zeugnis für das Leiden der Zivilbevölkerung nicht verloren geht, das jeder Krieg mit sich bringt.

Ihrem Wunsch folgend lasse ich sie nun zu Wort kommen.

***

Ich war 12 Jahre alt damals, deshalb kann ich mich an vieles erinnern.

Bis zur Flucht aus Westpreußen lebten wir in einem kleinen Haus in Bliesen, Krs. Graudenz in Westpreußen (mal deutscher, mal polnischer Korridor). Meine Mutter, meine Schwestern Hedwig, Klara und ich. Meine Schwestern besuchten damals die polnische Schule und ich die deutsche.

Wir wohnten direkt an der Hauptstraße, der Berliner Straße. Einige Tage vor der Flucht, bevor die Russen einmarschierten, habe ich von weitem viele Leute auf unserer Straße gesehen. Mit Erlaubnis meiner Mutter bin ich zu der Menschenansammlung gelaufen. Was ich dort gesehen habe, fällt mir schwer zu beschreiben. Es war furchtbar. Etwa 100 bis 120 jüdische Frauen, es können auch mehr gewesen sein, aus Warschau abgeholt, bekleidet mit geschnürten Säcken, zusammengetrieben wie Vieh, wurden von SS-Männern mit Gewehrkolben geschlagen und durch den Ort Richtung Westen, gejagt. Die armen Frauen schlurften mit Stroh umwickelten Füßen über das Pflaster. Es war schrecklich anzusehen.

Am 21.01.1945 wurde eine Anordnung zur Flucht angekündigt, da wir direkt an der Hauptstraße wohnten. Es wäre zu gefährlich für uns, wenn es zum Kampf kommen würde. Laut Aussage des Bürgermeisters sollte der Krieg in neun Tagen beendet sein. Die Front rückte immer näher, da die deutschen Truppen vor der Roten Armee zurückwichen.

Und so waren meine Familie und auch viele andere Anwohner vier Tage nach der Bekanntmachung versammelt und bereit, aus Bliesen aufzubrechen. Einige Dorfbewohner sind in der Heimat verblieben. Andere versuchten, die Küste zu erreichen, um auf dem Seeweg zu flüchten. Die gesamte ostdeutsche Bevölkerung war in Bewegung geraten.

Transportmittel standen uns nicht zur Verfügung, und viele Straßen waren durch die Bombardierung unpassierbar geworden. So sind wir mit 16 Fuhrwerken gemeinsam losgezogen. Zu siebt konnten meine Familie und Bekannte wechselweise auf einem offenen Pferdewagen sitzen, der nur mit dem Nötigsten bepackt war, die übrigen mussten beschwerlich durch den tiefen, teils vereisten Schnee laufen. Trotz der Enge auf dem Wagen war es bitterkalt, obwohl meine Mutter ihr Oberbett darauf gelegt hatte. Abwechselnd legten wir uns darunter, um uns ein wenig zu wärmen und auch vom Fußmarsch auszuruhen.

Unterwegs holten der Treckführer und einige Männer Astwerk aus einem nahen Wäldchen, befestigten die Äste am Wagen und zogen eine Plane darüber, die den eisigen Wind abhalten sollte. Da waren wir dann etwas vor der Eiseskälte geschützt.

In Graudenz (heute Grudziatz) wollte unsere Fluchtkolonne die Brücke zur Überquerung der Weichsel nutzen, was uns verweigert wurde. Der Weg war für Militärfahrzeuge freizuhalten. Und so musste der Treck über einen Teil der gefrorenen Weichsel fahren, dazwischen auch Soldaten der Wehrmacht.

Hundert Meter weiter von der Stelle, an der wir die Weichsel überquerten, war der Fluss nicht sicher zugefroren. Meine Familie und unsere Freunde hatten einen Schutzengel, wir erreichten ohne Verluste das Ufer der anderen Seite des Flusses.

Bei Kulm (heute Chełmno) war ein ganzer Treck durch die dünne Eisdecke eingebrochen. Niemand hatte überlebt, die Menschen und die Pferde ertranken.

Immer wieder von ohrenbetäubendem Sirenengeheul und Bombenexplosionen begleitet, kamen wir langsam jeden Tag einige Kilometer voran. Bei 25 Grad minus. An den Füßen hatten wir Frostbeulen, und die Kraft für lange Fußmärsche ließ nach. Meine Schwester Klara – Deine Mutter Luzie – wäre fast erfroren, als sie in den Schnee gefallen und vor Erschöpfung eingeschlafen war. In letzter Minute wurde sie gefunden. Es war alles so schrecklich und grausam.

Am Wegesrand saßen Russen, die uns mit ihren Panzern überholt hatten, und suchten im Müll nach Kartoffelschalen, die sie dann auch aßen.

Später, als wir an der Tucheler Heide vorbeikamen, war das Entsetzen groß. Diesen Anblick werde ich nie vergessen. Die jüdischen Frauen, die von der SS durch unser Dorf getrieben worden waren, lagen erschossen an einem Waldrand.

Wenn wir an Bauernhöfen vorbeikamen, gingen meine Freundin Trautchen und ich dort zu den Leuten, um zu betteln, denn es fehlte uns an Nahrungsmitteln. Hin und wieder bekamen wir ein Stück Brot und ein Ei. Das Brot gefror auf dem Wagen. Wir lebten von der Hand in den Mund.

Wir zogen an Geisterstädten und zerbombten Häusern vorbei, aus denen die Bewohner ebenfalls geflohen waren. Überall lagen Tote in den Straßen und auf den schneebedeckten angrenzenden Feldern. Die Schrecken des Krieges folgten uns auf Schritt und Tritt. Doch bevor die sowjetischen Streitkräfte Westpreußen einkesseln konnten, waren wir Gott sei Dank schon weit entfernt.

Als wir an einem Bahnhof vorbeikamen, sahen wir, dass die elektrischen Leitungen nach Beschuss auf der Straße lagen. Der ganze Zug samt Insassen und auch vorbeifahrende Fuhrwerke waren durch Stromschläge verbrannt.

Viele alte und gebrechliche Leute sind unterwegs verstorben, wurden einfach in Gräben abgelegt. In dem tief gefrorenen Boden war es unmöglich ein Grab auszuheben.

Jeden Tag zogen wir weiter. Da die Flüchtlingslager überfüllt waren, konnten wir in manchen Orten nur in Sälen übernachten. Auch in Schulgebäuden oder Scheunen bei Landwirten.

Doch wirklich willkommen waren wir nirgendwo. Unser Treckführer hatte keine Ahnung, wohin wir gehen sollten. So zogen wir weiter, von Ort zu Ort. Nach sechs Wochen waren wir schon ziemlich weit gekommen. Unsere Pferde wurden aber immer langsamer, bis eines von beiden qualvoll verendete.

Meine Schwester Hedwig kaufte in einem kleinen Ort ein Pony für 250 RM.

Unverhofft stießen wir auf die Autobahn, die direkt nach Berlin führte. Diese Strecke von Warschau nach Berlin war wegen des Bombardements der Alliierten extrem gefährlich. Immer wieder mussten wir uns unter Bäumen verstecken, bis der Beschuss vorbei war.

In Berlin fanden wir in einer Kaserne Unterkunft. Hier schliefen wir auf viel Stroh, auf dem die Läuse spazieren gingen. Da wir auf dem Wagen alle abwechselnd unter dem Oberbett schliefen, hatten die Nissen beste Bedingungen. Es war ekelhaft, aber wir hatten wenigstens einen Schlafplatz.

Duschen oder Waschen war nirgendwo möglich, alle hygienischen Einrichtungen waren extrem verschmutzt. Wir Flüchtlinge stanken fürchterlich. Wäsche zum Wechseln hatten wir nicht, nur das was wir am Leibe trugen.

Eine junge Frau hat in der Kaserne entbunden. Die völlig entkräftete Mutter bat um einen Teller Suppe. Ein großer Topf mit Graupensuppe sollte für alle Flüchtlinge reichen. Einer der Männer hatte sich eine Waschschüssel voll Suppe geholt, schlürfte sie mit seiner Zunge aus und überließ der abgemagerten jungen Mutter den Rest, angeblich sei keine Beilage darin gewesen. Was natürlich nicht stimmte.

Eine Frau hatte sich während der Periode zum Schutz Stroh in den Schlüpfer gesteckt.

Mit der Hoffnung, dass der Krieg bald beendet sei, zogen wir weiter. Unser Weg führte uns nach Bremen. Dort mussten wir eine provisorisch errichtete Brücke überqueren. Wagen für Wagen fuhr vorsichtig darüber, immer mit der Angst im Nacken, dass wir einbrechen könnten.

Am 22.März 1945 nachmittags kamen wir nach acht Wochen mit unserem Treck aus Westpreußen in Schönemoor, einem Dorf bei Delmenhorst, an. Hier wurden wir bereits erwartet. Einige Anwohner hatten für uns Zimmer geräumt und notdürftig für uns eingerichtet.

Auch hier waren wir nicht überall willkommen. „Haut ab ihr Pollacken!", bekamen wir zu hören oder: „Ihr seid hier nicht willkommen, wir wollen euch hier nicht haben!"

Meine Mutter und ich hatten das Glück, von der liebenswürdigen Bauernfamilie Schmidt aufgenommen zu werden. Meine Schwestern und unsere Freunde wurden in verschiedenen anderen Familien untergebracht.

Aber auch dieser Ort wurde vom Krieg nicht übersehen. Fliegeralarm, Spreng-

und andere Bombenabwürfe nahmen zu. Nur wenige abgelegene Gegenden blieben von den Kriegswirren verschont.

Meine Mutter half bei der Familie im Haushalt mit. Dafür bekam sie das Essen umsonst. Ich wurde mit 13 Jahren an den Bürgermeister von Seggern vermittelt, der auch einen Bauernhof besaß, und musste mir dort meine Nahrung verdienen. Das hieß, morgens um fünf Uhr aufstehen und die Kühe im Stall melken. Nach dem Frühstück besuchte ich die Dorfschule, danach ging es zum Mittagessen zum Bauern und anschließend zur Feldarbeit. Am Abend habe ich meine Hausaufgaben gemacht. Lohn bekam ich nicht. Dafür ein Bett zum Schlafen. Viele Tränen habe ich in dieser Zeit vergossen.

Meine Mutter holte mich schließlich von diesem Bauern weg, und ich kam auf einem kleineren Gut unter, wurde da als Dienstmädchen angestellt. Auch hier gab es viel zu tun. Wieder um fünf Uhr aufstehen, Kühe melken und dann den schweren Bollerwagen mit den Milchkannen zum Hof schieben. Da ich kein festes Schuhwerk besaß, lief ich immer barfuss. Im Herbst bekam ich Holzschuhe für die Arbeitstätigkeit.

1950 war meine Schwester Klara bereits verheiratet. Sie wohnte in Lippstadt. Deswegen sind meine Mutter und ich dorthin gezogen. Ich habe mir dort eine Arbeitsstelle gesucht. Auf eine Zeitungsanzeige habe ich mich beworben und wurde auch sofort angenommen.

Mit 19 Jahren habe ich meinen Mann kennen gelernt und ihn mit 21 Jahren geheiratet. Aus dieser Ehe ist eine herzensgute Tochter geboren. Jetzt habe ich einen wunderbaren Enkelsohn.

Ich bin alt geworden und wenn der Herrgott mich noch nicht haben will, werde ich im April 90 Jahre alt. Meiner Nichte Luzie Irene Pein habe ich das alles erzählt, in der Hoffnung, dass sie meine Geschichte zu Papier bringt.

Lippstadt, im Februar 2022

 ★ ★ ★

56 Tage war Irene Horsthemke als Zwölf-jährige Anfang 1945 mit ihrer Familie in Schnee und Kälte von Westpreußen nach Schleswig-Holstein unterwegs:

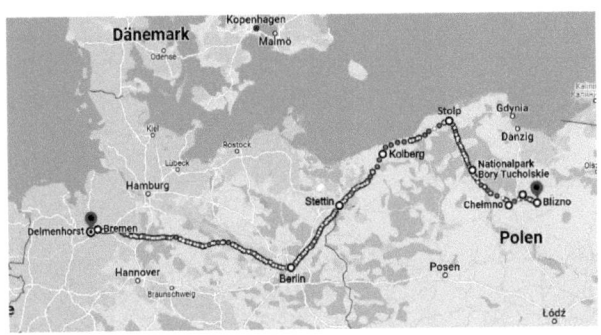

Fast 1000 Kilometer – teils zu Fuß, weil nicht alle auf dem Pferdekarren Platz hatten.

Der Flüchtlingstreck musste Weichsel, Oder, Elbe und Weser überqueren, teils über das Eis der zugefrorenen Ströme.

AUSRITT IN UNBEKANNTE WELTEN

Viele reiten auf mir rum. Kontaktfreudige lieben mich, Unnahbare lassen mich links liegen, können mich nicht riechen.

Sie bewerten mich als lästiges Übel. Sagen, dich muss man nicht haben und lehnen mich vehement ab. Ich würde ihnen Lebenszeit stehlen, die sie lieber mit Allotria ausfüllen. Aber ist das auch ihre Berufung, ihr erfüllbarer Lebensinhalt?

Sie sollten überlegen, ob es in ihrem Leben nicht noch etwas Prickelndes geben kann, was sie erleben möchten, sie begeistern könnte.

Aber ich will niemanden überreden, zwingen, sich mit mir abzugeben oder von mir abhängig zu werden. Ich bin keine Droge. Und dennoch sind manche regelrecht besessen von mir. Freilich, meine gelegentlich beschleunigte Sprungweise bringt sie oftmals zur Weißglut.

Deshalb warne ich Dich: Damit ich Dich nicht überbeanspruche, ist es ganz wichtig, mit mir zu trainieren, wo und wie Du

Deine Grenzen bewusst selbstverant-
wortlich wahrnimmst, um meine Stärken
und Schwächen an Dich anzupassen, oh-
ne das Risiko oder die Belastung zu er-
höhen. Die Eintracht zwischen Dir und
mir wird oft auf eine harte Probe gestellt
– dann, wenn ich den Gehorsam verwei-
gere. Halte die Zügel energisch in der
Hand, falls ich mal wieder zu hoch sprin-
gen will. Die Peitsche kannst Du beruhigt
vergessen. Ein leichter Ansporn in meine
Flanken wird mich wieder in die richtige
Spur leiten.

Die, die mich lieben, sind mit mir und
durch mich glücklicher und zufriedener.
Sie reiten mich freiwillig und sogar re-
gelmäßig. Es bereitet ihnen Freude, diese
Momente mit mir zu genießen. Nicht aus
purer Langeweile: Nein, sie erlangen
durch mich Wissen und Fähigkeiten, ihre
Eintönigkeit kreativer zu gestalten. Und
können mit mir für eine Weile entspannt
Ihre Alltagssorgen vergessen. Auf mei-
nem Rücken sind sie für Augenblicke frei
von Angst und Zweifeln.

Sie halten mich artgerecht. Bilden mich aus, füttern mich mit strukturreichen Ingredienzien – nach eigenem Gutdünken – und sorgen für meine ausreichende Bewegung, damit ich nicht in Trägheit verfalle. Meine Muskeln werden durch Striegeln und Bürsten massiert und gelockert, so können sie wieder mehr Leistung erbringen. Für ein Turnier oder einen Wettbewerb. Ich vertraue ihnen, meinen Pflegern.

Durch mich finden sie neue Freunde, werden ihre Lachmuskeln geschult, manche Probleme gelöst und ihre Fettverbrennung wird angeregt. Zuweilen galoppieren oder traben wir. Einige Parcours-Hindernisse müssen gesprungen werden. Auch mal über tiefe Gräben, vor denen ich oftmals scheue. Wir unternehmen gemeinsam kleine und auch große Exkursionen. Und wer nach kühnen Kapriolen doch mal herunterfällt, sitzt flink wieder auf.

Wenn Du mich erst lieben gelernt hast, wirst Du Deine Finger nicht mehr von mir lassen können. Bleibe nicht stehen oder still sitzen. Gemeinsam können wir so viel erleben. Sei neugierig, aber übe Dich auch in Geduld.

Also, schwing Dich in den Sattel und reite mit mir den Pfad der unerschöpflichen Freizeitgestaltung.

Ich bin Dein Hobby, Dein Steckenpferd.

BIBIS HERZENSWUNSCH

„Ich freue mich ganz doll auf Weihnachten", plapperte die sechsjährige Bibiana – von allen *Bibi* gerufen – beim Einüben des Krippenspiels drauflos. Sie war ganz aufgekratzt, weil es für sie das letzte Weihnachtsfest in der Vorschule sein würde.

„Heiligabend kommt *Oma Unten*" – so wurde die Großmutter Lisbeth genannt, die im Erdgeschoss wohnte – „zur Bescherung zu uns nach oben und bringt ihren Hund mit. Ein Mops oder ein Pudel. Genau weiß ich es nicht", plauderte Bibi weiter.

„Wenn du bei der Weihnachtsaufführung mitspielen möchtest, Bibiana, dann konzentriere dich jetzt auf den Text. Du kannst deiner Freundin Jola nachher von deiner Großmutter und dem Hund erzählen. Du bist doch ein Engel, oder?"

„Ich bin kein Engel, nur ein kleines dummes Schaf." Wie aus der Pistole geschossen versuchte die sonst so pflichtbewusste Bibi, mit einem blökenden „Määääh!" ein Schäfchen nachzuahmen.

Bibi trug langes, blondes, seidiges Haar und spielte jedes Jahr den Gottesboten im Krippenspiel, nur zum heurigen hatte ihre Freundin Jola, die ein Jahr jünger war als sie, die Rolle des Engels übernehmen dürfen. Bibi war stocksauer, denn sie kannte den Text des Himmelsboten doch in- und auswendig! An ihrer neuen Statistenrolle, die ihr missfiel, mäkelte sie nur aufmüpfig rum. Und da der Tadel der Erzieherin zu roten Pausbäckchen führte, bekam sie tatsächlich Ähnlichkeit mit einem Lichtengel – gerade so wie auf einem Gemälde von Michelangelo.

„Sei nicht albern, Bibiana", ermahnte die Erzieherin sie.

„Kinder, die letzte Szene noch einmal bitte!"

Nach der Probe erzählte Bibi ganz aufgeregt, was sie bei einer Unterhaltung zwischen ihrer Mutter und Großmutter Marie aufgeschnappt hatte, der anderen

Oma, die mit ihnen in der oberen Etage wohnte und daher in der Familie *Oma Oben* hieß.

***

Oma Oben war eine gutmütige Frau, was in ihren leuchtenden Augen zu lesen war. Obwohl durch ihr krankes Herz oftmals sehr geschwächt, hatte sie stets ein offenes Ohr und tröstende Worte. Extra für das bevorstehende Weihnachtsfest hatte sie das alte, einzige Puppenkleid von Bibis Puppe Mia mit ihren durch Arthrose gepeinigten Händen in einer kleinen Plastikwanne behutsam gewaschen und ihm mit dem Plätteisen den verlorenen Glanz zurückgegeben.

Bibi saß vor sich hin summend im Schneidersitz auf dem Fußboden in ihrem Zimmer. Ein Samtkissen schützte ihre Vier Buchstaben vor der Kälte des Dielenbodens. Verträumt zog sie *Mia* das Kleidchen an.

Anschließend war Bibi ungeduldig damit beschäftigt, das Puppengesicht mit einem Waschlappen zu säubern. Danach

versuchte sie, *Mias* Frisur mit der klei-
nen, mit feinen Naturborsten bestückten
Haarbürste wieder in Form zu bringen.
Als sie den verfilzten Wuschelkopf nicht
entwirren konnte, ließ sie im Badezim-
mer Wasser über Mias Zottelkopf laufen.
Danach rubbelte sie diesen lieblos mit
einem Gästehandtuch ab, lief in die Kü-
che und legte das tropfnasse Püppchen
zum Trocknen auf das heiße Backblech
im Herd, in dem kurz zuvor der köstliche
Sonntagsbraten im eigenen Saft in der
Kasserolle gebrutzelt hatte.

„Was stinkt denn hier so bestialisch?",
rief die herbeieilende Mutter entsetzt.
Beißender Rauch quoll aus dem Lüf-
tungsschlitz des Backofens heraus. Sie
riss die Ofentür auf und traute ihren vom
ätzenden Qualm tränenden Augen nicht.
Blitzartig befreite sie die Puppe aus dem
Feuergefängnis und versuchte zu retten,
was zu retten war. NICHTS. Das sonst so
feenhafte Puppengesicht war von einer
Beulenpest überzogen, die Haarpracht
verkohlt und am zähflüssigen Puppen-

körper hingen nur noch Fetzen des Seidenkleidchens.

Mutter verstand die Welt nicht mehr. „Bist du von allen guten Geistern verlassen? Warum hast du das denn gemacht? Jetzt hast du keine Puppe! Und eine neue bekommst du nicht!", schimpfte Mutter.

„Ich glaube, du bist ein bisschen malle."

„Ich will kein Püppchen und keine Stofftiere", maulte Bibi. „Erstens bin ich zu alt, um mit einer Babypuppe zu spielen; zweitens will ich etwas Lebendiges. Ich will einen kleinen Hund. Einen Welpen, zum Spielen!" Natürlich auch zum Kommandieren, so wie Mutter es manchmal mit ihr machte, aber das behielt sie lieber für sich.

Insgeheim hatte sich Bibi schon lange einen Hund gewünscht. Auf Jola, ihre beste Freundin aus der Kita, wartete zu Hause ein grau gestreifter, dickbäuchiger kastrierter Kater. Und andere Kinder aus ihrer Gruppe hatten ebenfalls springlebendige Gefährten: Stoppelhasen, Hamster oder Meerschweinchen.

„Leide ich an Gedächtnisschwund, mein liebes Fräulein? Habe ich dir nicht erst letztes Weihnachten unmissverständlich erklärt, dass wir kein Haustier und erst recht keinen Hund hier in der kleinen Wohnung halten können? Und was so ein Tier kostet? VIEL!

Hundefutter, Hundesteuer, Hundehaftpflichtversicherung und, nicht zu vergessen, der Tierarzt. Willst du einen Flohzirkus eröffnen? Und ein Hund kann Zecken und Ungeziefer einschleppen. Dann haben wir zu allem Überfluss nicht nur einen Hund, sondern auch noch anderes Getier im Haus. Und überall fliegen die Hundehaare herum. Außerdem ... wer wird ihn füttern, mit ihm Gassi gehen? Und wo sollte er überhaupt schlafen?"

„Aber ich wünsche ihn mir doch so sehr, habe sogar schon einen Namen für den Welpen. Goldie, wenn er ein helles, und Blacky, wenn er ein schwarzes Fell hat. Und schlafen kann er ja bei mir im Bett, am Fußende", quengelte Bibiana.

„Mach mich nicht kirre, es bleibt dabei! NEIN!"

„Mami, willst du, dass ich ein unglückliches Kind bin? Eine Verhaltensstörung bekomme?" Dieses Wort hatte neulich die Kita-Leiterin bei der Mutter eines Zappelphilipps erwähnt. „Verspreche dir, dass ich mit dem Hund Gassi gehe und mich um ihn kümmern werde."

„Zum Mitschreiben; NEIN! Du wirst bald eingeschult und nach dem Unterricht keine Zeit für den Hund haben. Und morgens regelmäßig eine Stunde eher aufstehen, das schaffst du Schlafmütze doch nie und nimmer. Und wer hat dann die Arbeit? Natürlich ich!"

Aber Mutter predigte tauben Ohren. „Pah!", war Bibis Reaktion, und sie fuchtelte ungestüm mit ihren Armen in der Luft herum.

Mittlerweile war Bibis Vater heimgekommen. „Vati", flötete sie einschmeichelnd, während sie sich auf seinen Schoß setzte und ihm schnell einen schmatzenden Kuss auf seine erhitzte

Wange drückte, „ich möchte so gern einen Hund. Ein Hund ist der beste Freund des Menschen, und weil ich schon eine Freundin habe, möchte ich einen Hundemann!"

Doch Vater setzte den Trotzkopf Bibi kurz und bündig neben sich auf einen anderen Stuhl. „Du hast gehört, was deine Mutter gesagt hat. Ein Hund kommt uns nicht ins Haus!"

„Leihe ich mir eben den Boxer Rocky von nebenan aus und werde ihn so abrichten, dass er euch nicht mag. Vielleicht adoptiere ich ihn dann sogar! Und ..."

Vater zog die Reißleine, bevor sie sich immer mehr in Rage reden konnte: „Schluss jetzt, mein Herzchen, du musst nicht immer das letzte Wort haben! Treib es nicht auf die Spitze", maßregelte er seine bockige Tochter.

Bibi verschwand ungestüm in ihrem Zimmer. Die zwischen den Eheleuten und *Oma Oben* noch kurz anhaltende Diskussion über Bibis Hundewunsch versandete schnell, und bald bestimmten andere Themen das Gespräch in der Küche.

Nun ist ja allgemein bekannt, dass Kinder, auch wenn sie noch so sehr in ihrem Spiel vertieft sind, alles um sich herum wahrnehmen, sozusagen das Gras wachsen hören können.

Erst recht Bibi. Und wie sie ihre Ohren spitzte.

Mutter ereiferte sich regelrecht. „Du hast doch ebenfalls gesehen, Marie, was Lisbeth heute Morgen aus der Stadt mitgebracht hat? Da schafft sie sich mit ihren achtzig Jahren noch einen Mops an. Du hättest mal ihre glänzenden Augen sehen sollen. Eitel, wie sie ist, musste sie ihn sofort zusammen mit ihrem Nerz ausführen. Eine Stunde hat sie für den Rundgang um die Siedlung gebraucht. Wahrscheinlich hat sie erst mal bei ihren Bekannten angeklingelt, um mit ihrer neuen Eroberung zu kokettieren!"

„Ich würde sagen, dass der pechschwarze Mops eher Ähnlichkeit mit einem Pudel hat", scherzte *Oma Oben*

53

und die Erwachsenen verfielen lauthals in schallendes Gelächter.

„Hoffentlich nimmt Lisbeth den Pudel nicht mit in die Christmette? Das wäre peinlich."

„Aber Pfiff hat der, so oder so, der macht schon was her", waren sich Mama und Oma einig.

Zu Mutters Überraschung kam Bibi eine Stunde später fröhlich zurück in die Wohnstube.

***

Heiligabend:

Ungeduldig wartete Bibi auf ihre *Oma Unten*. Es sollte doch bald Bescherung sein, aber nichts rührte sich im Erdgeschoss. Weder hörte Bibi einen Hund bellen, noch ihre Oma die knarrenden Treppenstufen zu ihnen heraufsteigen. Kribbelig und voller Vorfreude auf den Vierbeiner wirbelte Bibi in ihrem Zimmer herum. Schließlich konnte sie es nicht mehr aushalten und flitzte hinunter zu Oma Lisbeths Wohnung, in der es mäuschenstill war. Bibi hatte keine Angst vor dem Hund, aber drückte den Türgriff der Wohnzimmertür dennoch nur zaghaft herunter. Oma Lisbeth lag im abgedunkelten Raum schnarchend unter einer flauschigen Mohairdecke auf dem Kanapee.

Angelehnt an Omas Kopf lag der schwarze Pudel. Bibi schlich an die Couch heran. Mit ihren zierlichen Fingerchen berührte sie seine wolligen, dicht gekräuselten Haare. Dann begann sie, das weiche Fell zu kraulen, aber der Hund bewegte sich nicht.

„Fiffi, wach auf, " juchzte Bibi, „ich will mit dir spielen."

Wie vom Donner gerührt wachte Oma durch das Gewusel an ihrem Kopf auf und setzte sich ruckartig hin. Ein spitzer markerschütternder Schrei durchdrang die Wände des Hauses.

Erschrocken und am ganzen Körper zitternd stand Bibi schluchzend vor ihrer Großmutter. Besorgt stürzten die Erwachsenen in das Zimmer und sahen die Bescherung: Oma Lisbeth war die pechschwarze Perücke vom Kopf gerutscht und auf den Teppichboden gefallen.

CHANTALLE

Chantalle genoss ihr Vagabundenleben. Sie war, kaum flügge, von zu Hause ausgerissen. Zu Hause? Ihre Sippe war von einer bizarren Art, ein reiselustiger Schwarm, der sich nirgendwo ansiedelte. Es lag in ihren Genen, umherzuschweifen, sich an keinem Ort für immer niederzulassen.

So saß sie im feuchten, moosbedeckten Gras einer Streuobstwiese nahe dem Teich und genoss die Abendstunden. Die abgeernteten Bäume wiegten sich sanft im Lufthauch, und der Sonnenuntergang ließ rot-goldene Lichtstreifen auf ihrem Laubdach aufleuchten.

Der Himmel schien in Flammen zu stehen. Chantalle gab sich mit dem Fallobst zufrieden und schleckte den Fruchtsaft, der dabei auf ihren Körper tropfte. Es war ihr egal, denn anderes beschäftigte sie.

Wie und wovon sie in Zukunft leben sollte, darüber sann sie nach. Der Herbst würde bald Einzug halten, und wo sollte sie eine Bleibe finden, von was sich ernähren? Sie kam nicht umhin, Unterkunft und eine Nahrungsquelle zu finden, die ihren Hunger länger stillen würde als der Verzehr eines abgefallenen Apfels! Es eilte, aber nur jetzt nicht darüber nachdenken, nicht in dieser milden Spätsommernacht.

Chantalle stimmte ein selbstkomponiertes Lied an. Das Talent war ihr in die Wiege gelegt worden. Sie neigte ihren Kopf, sang mit ihrer ausgereiften Stimme und versank mit geschlossenen Augen in einer anderen Welt.

***

Die matt schimmernden Dunstfetzen des Nachtnebels zogen an Chantalle vorbei und verschmolzen mit den Strahlen der aufgehenden Sonne. Der Tag verging wie im Flug, und die Sängerin fand bis zum Abend weder Essbares noch einen vielversprechenden Schlafplatz. Müde beschloss sie, sich in die schützende Schonung am Rande der Wiese zurückziehen, da vernahm sie in einiger Entfernung Glockengeläut.

Neugierig machte sie sich im Halbdunkel auf den Weg in Richtung der verlockenden Töne. Wo eine Kirche stand, konnten Menschen nicht weit sein. Und richtig, bald tauchten die ersten Häuser des Dorfes auf, aus dem die Glockentöne kamen.

Chantalle hielt sich im Schatten der Bäume vor der Siedlung. Von dort aus konnte sie das flimmernde Licht in den Fenstern der Häuser sehen. Sie wartete ab, bis alle Lichter erloschen und es stockdunkel war. Dann, als die Kirchturmglocke Mitternacht schlug, ging sie auf Erkundungstour. Ohne verräterische Geräusche strich sie um die Gebäude und hielt Ausschau, ob nicht ein Fenster geöffnet war. Doch alle Luken und Eingänge schienen verbarrikadiert. Die Einwohner schützten sich vor ungebetenen Gästen. Sie musste es weiter versuchen.

Ausgehungert und müde vom Umherirren war sie bereit, sich jedem anzubiedern und ihm gefällig zu sein. Egal, wie alt, ob schön oder hässlich. Und in ihrem Verlangen war sie nicht mehr wählerisch.

Ein Sugar-Daddy musste her! Ein Mäzen, dem Chantalle ihre Liebesdienste anbietet, der ihr als Gegenleistung Unterkunft gewährt und ihren Lebensunterhalt bestreitet! Mit ganzem Körpereinsatz würde sie sich dafür einsetzen.

Vom Glück begünstigt erspähte Chantalle doch noch ein geöffnetes Kellerfenster, schlüpfte in das Haus hinein und entdeckte eine Nische, in der sie sich verbarg. Sie wartete ab. Nach einer Weile waren Schnarchgeräusche zu hören. Ja, das musste ein Mann sein!

Chantalles Herz hüpfte beschwingt. Beflügelt von der Vorfreude auf das Kommende schlüpfte sie aus ihrem Versteck und gab ihre allerschönste Melodie zum Besten. Die betörende Hormonausschüttung des Mannes machte es ihr leicht, sich ihm vorsichtig zu nähern. Ja, sie vermochte ihn gut riechen, war giererfüllt von ihm, denn die Chemie stimmte.

Einige weitere Nächte konnte Chantalle bei ihrem Förderer verbringen, schmiegte sich begehrlich an seinen halbnackten Körper und nahm sich, was sie brauchte. Summte ihre Arie, derweil sie ihn zärtlich mit der Melodie weiter in den Schlaf wiegte. Dem Schlafenden gravierte sie alsdann ihr Erkennungsmerkmal – ein Ritual der Leidenschaft – in die Haut ein.

Doch dann passierte es eines Nachts: Chantalle tastete sich in der Finsternis an der Wand entlang zu ihrem Gönner. Kaum hatte sie sich im Bett zärtlich an seine Wange gebettet und ihr Lied angestimmt, da blitzte ein Licht auf und blendete sie.

Kein Ton kam aus ihr heraus. Die Todesangst schnürte ihre Kehle zu. Ein brutaler Schlag mit einem kantigen Gegenstand traf sie, schmetterte ihren Leib an die Wand und versetzte sie in Schockstarre. Fliehen? Unmöglich. Sie war zu schwer verletzt. Blut spritzte aus ihren geplatzten Eingeweiden. Ein krampfartiges Zucken durchfuhr den sterbenden

Körper, und mit weit aufgerissenen Augen stierte sie in eine im Strahl der Taschenlampe höhnisch grinsende Fratze, bevor ihre Lebensflamme erlosch.

Das Liebeslied der kleinen Mücke Chantalle war für immer verklungen.

Der Hut steht ihr gut

Regina räumte ihren Kleiderschrank auf, um einiges von ihrer Garderobe zu entsorgen. Unverhofft fiel ein unförmiger Hut in ihre Hände. *Woher kommst du denn?*, fragte sie sich erstaunt. Sie setzte sich auf die Bettkante und überlegte.

Wann habe ich mir denn dieses scheußliche Teil gekauft? Komisch. Sie warf den bunten Hut zusammen mit den aussortierten Kleidern in den Sack und wollte ihn gerade zubinden, als es ihr wie Schuppen von den Augen fiel. Sie kramte den Hut wieder hervor, setzte ihn sich lachend auf und betrachtete sich im Spiegel.

Was war das für ein Tag gewesen – damals, mit dem Bummelzug von Cappel nach Münster!

***

Regina und ihr Ehemann Gregor, ihre achtjährige Tochter Verena und ihre Nichte Susanna standen um zehn Uhr morgens im Lippstädter Ortsteil Cappel an der kleinen Bahnstation im Regen, ohne Jacken und Schirme. Gregor hatte alle zu einer Fahrt nach Münster eingeladen.

„Warum hast du keinen Regenschirm mitgenommen?", schimpfte Regina gereizt.

„Hättest du doch auch tun können", antwortete Gregor. „Ist doch nur ein leichter Sommerregen. Es hört bestimmt gleich wieder auf", tröstete er sie.

Er hatte seiner Frau am Morgen gesagt, dass es warm sei und es wohl keinen Regen geben werde. Was sich leider nicht bestätigt hatte. Dunkle Wolken waren aufgezogen, der Himmel hatte sich verfinstert wie das Gesicht von Regina.

„Woher willst du das wissen", bohrte Regina weiter.

„Bist du der Wetterfrosch?"

„Siehst du hier 'ne Leiter?", frotzelte Gregor.

Verena und Susanna schauten sich fragend an.

„Was ist ein Wetterfrosch?", fragte Verena. „Lebt der auch im Zoo in Münster, Papa?"

„Jetzt nicht."

Doch Verena ließ nicht locker, löcherte ihren Vater weiterhin mit der Frage.

„Papi, bitte, was ist ein Wetterfrosch?", rief sie und stampfte dabei ungeduldig mit ihren Füßen auf dem Bahnsteig.

„Das erkläre ich dir gleich im Zug", antwortete Gregor und nahm sein Töchterchen liebevoll in den Arm.

Das stellte Verena vorerst zufrieden.

„Was ist jetzt, fahren wir oder bleiben wir zu Hause?", nörgelte Regina.

Nach Hause mochten alle aber nicht mehr, denn der Bummelzug hielt gerade in diesem Moment an der kleinen Bahnstation. Reginas Frage hatte sich somit erübrigt. Und die Fahrkarten, die Gregor in der Stadt am Hauptbahnhof gekauft hatte, wollte er auch nicht verfallen lassen.

Voller Vorfreude stiegen Verena und Susanna zuerst ein. Aufgeregt drückten sie ihre Nasen an der Fensterscheibe platt, bis ihre Spiegelbilder sie in der Scheibe anlachten. Sie hauchten ein paar Mal auf das Glas und malten mit den Fingern Fantasietiere darauf. Kicherten um die Wette, denn die witzigen Figuren sahen putzig aus.

Der Wetterfrosch war vergessen.

Auch in Münster regnete es immer noch Bindfäden. Leider hielt der Zug nicht am Zoo, und die Vierergruppe musste durch den Landregen zum Busbahnhof laufen, um mit dem Linienbus weiterzufahren. Endlich am Tierpark angekommen, standen sie vor dem Haupteingang. Gregor kaufte die Tickets, einen Lageplan der Gehege, und sie konnten endlich hineingehen.

„Kinder, bitte bleibt bei uns Erwachsenen, nicht, dass ihr euch noch verirrt!", schärfte Gregor den Kindern ein.

Regina latschte lustlos den dreien hinterher, von einem Tiergehege zum nächsten. Ein einzigartiges Abenteuer. Doch das Hundewetter machte ihnen einen sprichwörtlichen Strich durch die Rechnung. Der Engländer würde sagen: It's raining cats and dogs. Passend zum Zoobesuch.

Regen! Es regnete und regnete. Und je mehr dicke Tropfen vom Himmel fielen, desto gereizter wurde Regina. Sie quengelte und brummelte ununterbrochen vor sich hin, was auch ihr Mann zu spüren bekam. Am Tag zuvor war sie extra beim Friseur gewesen und hatte sich eine frische Hausfrauendauerwelle machen lassen. Zusätzlich eine Auffrischtönung. Sie fühlte sich verunziert, denn ihre triefnassen Haare rebellierten und kräuselten sich in alle Richtungen wie das Fell eines Pudels.

Bei dem Dauerregen kam eine Besichtigung aller Tiere leider nicht in Frage. Aber zum Glück gab es viele Gehege, die überdacht waren.

Dennoch – als die Familie vor dem Affenkäfig stand, platzte Regina der Kragen. Sie kochte vor Wut, gab ohrenbe-täubende Geräusche von sich und mach-te so sonderbare Gesichtsverzerrungen, dass selbst die Affen im Gehege verwun-dert schauten.

„So ein Heckmeck!", mit funkelnden Augen blitzte Regina Gregor an. Wenn Blicke töten könnten ...

„Raus hier!", deutete sie mit dem Zei-gefinger auf den Ausgang. „Ich habe kei-ne Lust mehr, im Regen durch den Tier-park zu laufen."

Da gab es keine Widerrede, und Gregor lud alle, pitschnass wie sie waren, zu ei-nem kleinen Imbiss in das nahe gelegene Kaufhaus ein. Hier hielten sie sich eine Zeit lang bei Pommes und Cola auf, um sich aufzuwärmen und ihre Sachen ein wenig trocknen zu lassen.

Doch Regina zeterte weiter, hörte nicht damit auf, ihren Ehemann abzukanzeln, dass er Schuld an dem ganzen Dilemma habe. Wenn er an die Regenschirme ge-dacht hätte, dann …

Gregors Engelsgeduld schien Regina noch mehr aus der Fassung zu bringen. Ihre Laune war auf den Nullpunkt gesunken. Um Regina zu trösten, wollte er seiner Angetrauten etwas Gutes antun und führte sie zu einem Verkaufsstand, der mit etlichen Damenhüten bestückt war.

Gregor nahm einen nach dem anderen und setzte sie auf Reginas Kopf. (Nicht alle auf einmal, logisch, wie hätte das denn ausgesehen?) Doch keiner gefiel ihr. Es war zum Mäuse melken, denn sie war äußerst wählerisch. Die Kinder langweilten sich derweil und maulten. Da nahm Gregor einen Hut mit Krempe aus dem Regal und setzte ihn genervt auf Reginas Schopf.

„Den nimmst du jetzt, der steht dir!" Gregor bezahlte und schob alle zum Ausgang.

„Ist ja gut. Reg dich ab. Er gefällt mir ja!", neigte Regina besänftigend den Kopf mit Hut Richtung Gregor. Denn eigentlich war es ihr inzwischen egal, Hauptsache ihr Haar war nun ein wenig geschützt.

Regina wetterte weiterhin mit dem Wetter um die Wette. Der Filzhut war schnell Wasser durchtränkt, hatte sich vollgesogen wie ein triefnasser Schwamm, ausgewaschen und an verschiedenen Stellen mit der Haartönung vereint. Sie schimpfte nun nicht mehr über das Wetter, jetzt war dieser grässliche nun grünbraun gefärbte Hut ihr Angriffsziel. Von ihrer inzwischen mehrfarbigen Haarpracht ganz zu schweigen.

„Wie kann man nur einen Filzhut kaufen?", pampte sie Gregor an. Den hast du mir aufgeschwatzt, damit du Ruhe hast, stimmst?" Dabei hatte er es doch nur gut gemeint. Die Kinder verstanden wieder nur die Hälfte. Erst gefiel Regina der Hut, sie dachten, sie sei froh darüber, und nun tadelte sie ihren Mann, dass er keinen Schönheitssinn habe.

Der Himmel war immer noch dunkel, und die Regenwolken gaben weiterhin alles preis, was sie zu bieten hatten. Es schüttete wie aus Eimern. Das Wasser stand den Fußgängern in den Schuhen, als sie sich nachmittags endlich auf Schusters Rappen bis zum Münsteraner Bahnhof durchgekämpft hatten.

Nass bis auf die Knochen und zitternd vor Kälte saßen sie zu guter Letzt auf den kalten lederbezogenen Bänken im Zugabteil. Ohne ein Wort zu reden, steckten sie sich Papiertaschentücher in die Schuhe, die die Nässe aufsaugen sollten.

Um zwanzig Uhr abends hielt der Bummelzug am Cappeler Bahnhof. Und da? Ein Wunder. Es hatte zu regnen aufgehört. Susanna bedankte sich bei ihrer Tante und ihrem Onkel, verabschiedete sich und lief schleunigst nach Hause.

***

Mit einem amüsierten Lächeln verbannte Regina den Filzhut nach einer letzten Probe vor dem Spiegel endgültig aus ihrem Leben und stopfte ihn zurück in den Sack für die Altkleidersammlung.

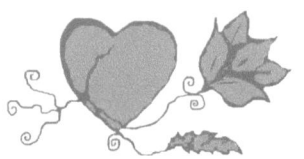

DURCHBRUCH

Auch wenn das Äußere einen anderen Anschein hat, lass dich nicht von ihm blenden. Meine Schönheit droht zu vergehen. Tiefe Falten verbergen sich nicht mehr vor den Augen der Umwelt. Der Verfall ist nicht aufzuhalten.

Mein ständiges Getöse erregt Aufsehen, der immense Druck, die Unruhe in mir macht mich für niemanden ausrechenbar. Unsagbare Kräfte toben in mir. Gleichwohl bin ich kein Monster, kein Dämon.

Der Kopf raucht, der pH-Wert ist erhöht und ätzende Säure frisst Löcher in die Magenwände. Siedend heiße Flammen lodern im Bauchraum. Sie sind eine tickende Zeitbombe, schlummern im Untergrund, zum Bersten aufgestaut: Bis sie die Beherrschung verlieren und zu explodieren drohen.

Ich erleide Höllenpein, habe Schluckauf, der Mageneingang schließt sich nicht mehr.

In der Konsequenz bewirkt der Reflux, dass der aufsteigende Schwall unaufhörlich durch den verätzten Schlund schießt.

Aus der geheimnisvollen Tiefe heraus offenbare ich dir meine Seele. An diesem mystischen Ort. Du schwebst in unberechenbarer Gefahr. Suche Schutz, bevor du von heftigen Aufwallungen mitgerissen wirst! In Schutt und Asche liegst, ehe du dich in Sicherheit wiegen kannst.

Unsere Beziehung ist beendet. Sterbenskrank stehe ich hier und speie Gift und Galle. Durch den Auswurf bin ich nicht mehr fähig, zu existieren. Ich bringe Tod und Verderben, gleichzeitig spende ich auch neues Leben.

Ich bin ein Feuerberg, ein speiender Vulkan.

EHRLICH WÄHRT (WEHRT SICH) AM LÄNGSTEN

Sonntag, 12. Mai, während der Tagesschau:

„Hartmut! Wo sind deine Hörgeräte? Hast du sie schon wieder versteckt?", fragte Käthe aufgebracht ihren starrköpfigen Gatten, entriss ihm die Fernbedienung und stellte die Lautstärke mit dem Regler auf Stufe 9 herunter.

„Ich habe sie verloren!" Mit aufgesetzter Unschuldsmine und schulterzuckend saß Hartmut in seinem Fernsehsessel. Er hoffte, dass seine Worte überzeugend klangen.

Käthe durchsuchte die ganze Wohnung. Sie zog Anrichten und Kommoden von den Wänden, nahm die Ehebetten auseinander, stieg auf eine Leiter und suchte auf Schränken nach den kleinen Hörgeräten. Doch was sah Käthe da aus ihren Augenwinkeln heraus? War das ein ironisches Lächeln auf Hartmuts Lippen? Hier stimmt doch was nicht! *Warte ab, du* al-

75

ter störrischer Esel! Du führst mich nicht aufs Glatteis! Ich werde schon herausfinden, was du wieder angestellt hast.

„Wo könntest du sie denn verloren haben?", fragte Käthe gespielt mitfühlend nach. Aufmerksam beobachtete sie sein Mienenspiel und wartete darauf, was er ihr wohl für ein Märchen auftischen würde.

„Wahrscheinlich heute Morgen auf dem Flohmarkt, warum?"

„Beide Geräte gleichzeitig?" Käthe mimte weiterhin die Überraschte. „Wie ist denn das passiert?"

„Glaubst du mir etwa nicht? Eine junge Frau mit einem angeleinten großen Hund hat mich angerempelt. Dabei muss es passiert sein!", rechtfertigte sich Hartmut lautstark.

✳✳✳

Einige Tage vorher:

Jeden Abend dasselbe. Käthe und ihr Göttergatte Hartmut stritten sich wiederholt seit einigen Wochen abends vor dem

Fernseher. Hartmut hatte die Fernbedienung wie so oft unter der Decke über seinen Knien versteckt, aber vorher die Lautstärke auf Stufe 20 eingestellt. Käthes Trommelfelle drohten zu platzen. Sie hielt sich mit beiden Händen die Ohren zu, so drang ihr der dröhnende Lärm durch Mark und Bein. Durch die Vibrationen schepperte sogar das Geschirr in den Vitrinen. Auf das Äußerste gereizt lief Käthe aus dem Fernsehzimmer.

„Jetzt reicht`s!", sagte sie sich, nahm eine Kopfschmerztablette und überlegte, wie sie den alten Zausel davon überzeugen konnte, dass es so auf keinen Fall weitergehen könne. Es war ja nicht mehr auszuhalten.

Die Nachbarn hatten sich auch bereits wegen der dauernden Lärmbelästigung nach 22:00 Uhr in ihrem Haus beschwert. Zweimal war sogar schon eine Polizeistreife gekommen und hatte Hartmut aufgefordert, die Zimmerlautstärke einzuhalten.

Da kam ihr Hartmut selbst zu Hilfe. Als er über Schwindel und Rauschen in den Ohren klagte, konnte Käthe ihren Gemahl endlich überreden, einen vertrauenswürdigen HNO-Arzt aufzusuchen.

Dort kam es wie von Käthe erwartet. Nein! Hörprobleme habe er nicht, betonte Hartmut – auffällig laut – auf die Frage des Arztes. Er habe ja stets bei seiner Tätigkeit in der Fabrik den vorgeschriebenen Gehörschutz getragen.

Der Doktor nickte verständnisvoll und blinzelte der Arzthelferin unmerklich zu, die ihn daraufhin höflich in ein weiteres Untersuchungszimmer bat. Hartmut protestierte heftig, doch seine Gattin schob ihn einfach vor sich her und schloss die Tür hinter ihm.

Der Arzt entfernte sorgfältig Ohrenschmalz und leuchtete danach behutsam mit einer speziellen Stablampe die Gehörgänge aus. Mithilfe spezieller Messgeräte testete er Hartmuts Hörfähigkeit.

Natürlich wurde ein erhebliches Funktionsdefizit beider Hörorgane diagnostiziert. Der Arzt stellte unmissverständlich fest, Hartmuts Hörvermögen sei ungenügend, deshalb benötige er unaufschiebbar ein Hilfsmittel.

Auch das noch! Hartmut sträubte und wand sich wie ein Aal. Ein Hörgerät kam für ihn nicht in Frage. „Ich bin doch noch kein Greis! Es reicht schon, dass ich mit einem Gehstock laufen muss."

Doch Käthe ließ nicht locker. Deprimiert stand Hartmut einen Tag später mit dem Rezept in der Hand beim Hörgeräteakustiker. Ihm wurden mehrere Hörsysteme angepasst.

Eitel wie Hartmut seit eh und je war, entschied er sich für ein kleines hautfarbenes Modell, damit es nicht jeder sofort erkennen konnte. Dieses Gerät konnte Hartmut für 14 Tage Probe tragen. Der Fachmann versprach ihm, dass sich sein vorheriges Lebensgefühl schon nach kurzer Zeit wieder einstellen würde.

Aber Hartmut konnte sich mit dem Gedanken an batteriegeladene Apparate im Ohr nicht anfreunden. Der Schallpegel sei seiner Meinung nach viel zu hoch und er habe quasi einen andauernden Echoeffekt in den Ohren. Das angeblich zu erwartende neue Lebensgefühl stelle sich auch nicht ein, zeterte er beim Kontrolltermin.

Doch diese Ausreden halfen Hartmut nicht weiter. Die Frequenz der Geräte wurde justiert, und mit einem aufmunternden Schulterklopfen wurde Hartmut wieder verabschiedet.

Frustriert sann er über eine Lösung für sein Problem nach. Er beabsichtigte, die lästigen Fremdkörper aus seinen Lauschern heimlich zu entfernen.

Auf dem Weg zum Flohmarkt kam ihm in einer schmalen Passage eine junge Frau mit einer zweifarbigen Binde um den Arm und einem Hund entgegen. Hartmut schaute sich nach allen Seiten um und fasste blitzartig die in seinen Augen einzig richtige Entscheidung. Behände riss er sich die Dinger aus den Ohren und warf sie schnell in einen abseits stehenden bepflanzten Blumenkübel.

***

Freitag, 17. Mai, während der Tages-
schau:

Schmunzelnd lehnte sich Käthe an den
Sessel, in dem Hartmut gerade wieder
nach der Fernbedienung griff.

„Nicht nötig, Schätzchen! Schau mal,
was ich hier habe", sprach sie laut und
deutlich in sein rechtes Ohr. „Ein sehr
intelligenter Blindenführhund hat etwas
in einem Blumenkasten gefunden und
seinem Frauchen unbeschädigt in die
Hand gelegt. Die gute Frau brachte die
Gegenstände zum Fundamt, und die zu-
ständige Sachbearbeiterin rief mich
sogleich an, weil ich den Verlust dort un-
längst gemeldet hatte. Du musst dich
nicht mehr grämen, mein Liebster. Jetzt
hast du deine kleinen Helfer wieder."

EINE SEEFAHRT, DIE IST LUSTIG

Sommerferien. Raus aus der Tretmühle, hin zur kroatischen Adria in den Urlaub. Dort, wo die Sonne scheint. Kein Aktivurlaub, Abhängen und Badespaß war angesagt.

Mit einer Yacht über das Mittelmeer schippern, das war Jörgs größter Traum. Einmal Kapitän sein, dem Gewässer Respekt abringen, sichtbar machen, wer dabei zu sagen hat. Endlich, nach 12 Stunden Autofahrt, kamen Jörg, Ehefrau Kathi und ihre Tochter Svenja, morgens um 9.00 Uhr am Urlaubsort in Kroatien an. Da ihr Domizil oberhalb des Ortskerns an terrassenförmig angelegten Grundstücken lag, mussten sie ihr Fahrzeug in Schräglage in der schmalen Hofeinfahrt vor dem Haus parken.

Zu ungunsten der Handbremse, bemerkte Jörg.

Verschwitzt und hundemüde stiegen sie aus dem Backofen ihres inzwischen überhitzten Fahrzeugs aus.

Die sympathische Vermieterin stand vor ihrer Haustür, sie hatte die Sommerfrischler bereits erwartet und hieß sie herzlich willkommen.

Sie wies den schweißtriefenden Feriengästen die Räumlichkeit zu und lud die Familie zu einem Willkommenstrunk zur Begrüßung auf ihre Veranda ein. Für einen kurzen Moment weckte das erfrischende Getränk die Lebensgeister der Sonnenhungrigen.

Dann schleppten Jörg und Kathi die mit ihren Siebensachen bepackten Koffer hinauf in ihr Zimmer, in dem für die sechsjährige Svenja ein separates Bett im Raum aufgestellt war. Ein voluminöses Zimmer mit Meerblick. Doch den Urlaubsgästen stand im Moment nicht der Sinn danach, aus dem Staunen nicht mehr herauszukommen.

Sie verstauten ihre Sachen in den Schränken und im Bad. Duschten ausgiebig, warfen sich ihre Sommerklamotten über und gingen dann hinunter, um sich offiziell anzumelden.

Gegen Mittag bummelten sie hinunter in den Ort, um sich in einem Lokal zu stärken, das ihnen die Vermieterin beschrieben hatte. Der Geruch von frisch gegrilltem Fisch stieg ihnen schon von weitem in die Nase. Vor dem Restaurant drehte ein Kellner einen Spieß, auf dem ein Spanferkel sein Fett verlor – aus all seinen Poren tropfte es in die Auffangpfanne.

Das war nichts für Svenja.

Jörg bestellte einen Grillteller für zwei Personen und je einen frischen Salat. Svenja bekam eine Portion Fritten mit Ketchup.

Nachdem ihnen das Essen vorzüglich gemundet hatte, bummelte Jörg mit seiner Familie weiter in den Ort hinein. Durch bunte Gassen mit leuchtenden Fassaden hinunter zum Strand. Das Wasser, so klar wie Kloßbrühe, schien ihnen zuzurufen, kommt, lasst euch von mir verwöhnen.

Am liebsten wären alle sofort ins abkühlende Nass gesprungen.

Die Temperatur am Nachmittag war mäßig warm, ihnen wohlgesonnen. Und so schlenderten die Touristen weiter über die Hafenpromenade. Jörgs begehrlicher Blick war auf die Boote und Yachten gerichtet, die an den Anlegestellen verankert waren.

Er überlegte, ob er eine kleine Yacht chartern könnte. Aber war das hier in Kroatien ohne Bootsführerschein möglich? Diesen Gedanken verwarf er so schnell, wie er ihn ereilt hatte.

Sie lauschten der Brandung des Mittelmeeres. Promenierten vorbei an Ufercafes, Restaurants und Souvenierläden zum traditionellen Markt, auf dem die Bauern ihre eigenen Produkte feilboten.

An jeder Ecke waberte Essensduft in der Luft. Auslagen mit kulinarischen Offenbarungen verführten zum Verkosten. Auf der ganzen Linie Jörgs Geschmacksrichtung. Gaumenschmeichler, bis zum Abwinken.

Fast aus allen Nähten platzend machte sich die Familie auf den Weg zur Unterkunft.

Um die Umgebung noch besser ausspähen zu können, durften sie auf das Hausdach klettern. Von hier oben konnten sie über das wildromantische Meer zur gegenüberliegenden Insel schauen. Ein fulminanter Anblick, eine Postkartenschönheit, mit magisch paradiesischem Charme, wie man sie nur selten sieht. Überzogen mit sanften Hügeln.

Das endlos scheinende Panorama entschädigte sie für die lange Fahrt. Müde, ausgelaugt durch die Wärme und satt von der ungehemmten Essenslust waren sie reif fürs Bett.

***

Der erste Urlaubstag.

Trotz vergeblicher Liebesmüh seitens Kathi, konnte sie Jörg bei der Hitze nicht zu einer Kauforgie überreden. Schon zu Hause gelang das nur sehr selten, und hier bei dem Gedrängel im Ort erst recht nicht. Er war eben ein Shoppingmuffel.

Jörg wollte lieber zum Badestrand. Leider waren Saison bedingt auch die mit Sand aufgehäuften Badestrände von Menschenmassen zum Bersten voll.

Also bestieg er seine bereits aufgepumpte Luftmatratze und ließ sich von den Wellen schaukeln. Bei dieser Lieblingsbeschäftigung nahm er ein UV-Erythem (Sonnenbrand) gerne in Kauf.

Ja, die Kraft der Sonne meinte es gut mit den Badegästen. Je wärmer es wurde, umso mehr Badelustige schwärmten in das kühlende Nass wie eine Heuschrecken-Invasion. Kathi und Svenja hatten es sich mittlerweile lieber unter einer Pinie auf ihrer Decke gemütlich gemacht.

Gestresst kam Jörg von seiner Luftmatratze und ging hinüber zum Bootsverleiher. Die Motorboote waren bereits verliehen und so mietete er sich griesgrämig ein Kanu. Es war kein knallrotes Gummiboot, nein, ein feuerrotes Kanu für drei Seemannslustige. Aber Kathi und Svenja wollten lieber im Schatten zurückbleiben.

Jörg paddelte munter drauflos. Freudestrahlend, seine schlechte Laune hatte inzwischen kapituliert, winkte er seiner Familie zu. Kathi schmunzelte innerlich. *So sehen Sieger aus.*

Plötzlich kam starker Wind auf. Jörg paddelte und paddelte angestrengt dagegen an, kam aber dem Strand nicht näher. Wild wogte die Brandung. Die nun graugrünen Wogen erhoben sich gegen das Kanu. Mit jeder aufkommenden Welle schwappte Wasser in das Paddelboot. In den auf und ab schaukelnden Wellen war nur noch ein dunkelhaariger Schopf zu sehen. Der Wellenschlund tat sich auf, fraß Land und verschlang den Paddler samt Kanu. Schwuppdiwupp, Jörg war weg.

Die Paddel schwammen wie von Geisterhand bewegt auf der aufschäumenden Gischt zum Ufer. Das Kanu hatte sich auf die Seite gelegt und Jörg schob es kraulend vor sich her. Er musste wieder festen Boden unter seine Füße bekommen.

Zu spät bemerkte er, dass er stehen konnte. Er hatte sich mit der Wassertiefe vertan, kam sich nun ein wenig dämlich vor. Ein Bild zum Piepen.

Wie ein HB-Männchen sprang Jörg aus dem Wasser. Er hatte den Kaffee auf. Die Nase vom Wasser und dem Boot gestrichen voll. Er packte seine Luftmatratze, die Badeutensilien seiner Familie und stapfte ziemlich angesäuert mit Kathi und Svenja zurück zur Unterkunft.

***

Die darauf folgenden Urlaubstage verliefen ruhig. Die Familie verbrachte die Sonnentage am Strand, ohne Worte wie Schiff, Boot oder gar Yacht je wieder über die Lippen zu bringen.

Eine Tür fiel zu

Ich betrat einen kalten Raum ohne Licht,
vertraute der Dunkelheit, merkte es nicht,
dass nach mir ins Schloss die Türe fiel.

Ich taste nach vorne, seh' einen Schimmer,
fühlte jedoch nicht allein mich im Zimmer,
und ahnend beschleicht mich ein mulmi´g Gefühl.

Ich hetze zum Licht, ich dreh´ mich nicht um,
öffne die Türe, erschrecke mich stumm,
denn plötzlich ist sie zugemauert.

Ich schaue zurück und seh' ein Gesicht,
verschwommen, im Finstern erkenn ich es nicht,
Wer hat hier im Dunkeln mir aufgelauert?

Will laufen, steh' still, bin völlig gelähmt.
Wer hat meine Willenskraft so gezähmt?

Er hält ein Messer in seiner Hand.
Drohend schwebt seine Macht im Raum.

Meine Seele schreit: Benutz den Verstand!

Da wache ich auf. – Es war nur ein Traum.

EINSAM

Apathisch liegt Märte bereits sechs Wochen auf der kleinen Couch. Ihre Gesichtszüge wie versteinert. Alle Tränen sind geweint.

Sie fröstelt. Nichts anderes ist fühlbar in diesem Raum als unnatürliche, unzureichende Wärme aus den Heizkörpern. Durch die kleinen Fenster blinzeln flimmernde Sonnenstrahlen, können weder ihr Gemüt erwärmen, noch durchfluten sie ihre Lebenszellen. Sie ist allein. Nur die Wanduhr tickt unentwegt.

Märte schaut sich anteilslos im Zimmer um. Ihr leerer Blick fällt auf die eingerahmten Bilder, die auf dem Tischchen neben ihr stehen. Das Licht einer Kerze wippt in einem Lufthauch auf den Portraits ihrer Liebsten hin und her. Erweckt die darauf abgebildeten Personen nur scheinbar zum Leben.

Ihre Gedanken schweifen ab. Fetzen der Vergangenheit schleichen erbarmungslos in die Gegenwart.

Sie schließt ihre müden Augen und lässt sich auf Verlorenes, nie Wiederkehrendes ein: Wie glücklich waren sie und ihr geliebter Mann Bernhard, als Ihre Tochter Maja das Licht der Welt erblickte.

Die Zeit war wie im Flug vergangen: der erste Schultag, die erste Tanzstunde, Majas erste große Liebe. Wie hatte sie als Mutter mit ihr gelitten, als Maja von ihm verlassen wurde. Dann trat ein neuer Mann in Majas Leben. Mit Rüdiger zog wieder die Leichtigkeit und Lebenslust in das kleine Haus ein. Alle waren glücklich und zufrieden.

Maja zog mit Rüdiger in eine andere Stadt. Als ihr Sohn geboren wurde, kehrten sie zurück. Rüdiger bekam nach seinem Referendariat einen Job als Lehrer an der hiesigen Berufsfachschule. Und die kleine Familie zog wieder bei Märte und Rüdiger ein. Die Harmonie zwischen den Generationen war unbeschreiblich. Ein eingespieltes Team. Jeder konnte sich auf jeden verlassen. Es folgten wunderbare Jahre. Festlichkeiten zu Weihnachten, Ostern; Feiern an Geburtstagen mit Musik und Tanz in ihrem Haus.

***

Als Bernhard vor zehn Jahren an Krebs verstarb, war Märte nicht allein. Nicht nur in den schweren Stunden des Abschiednehmens stand ihr die Familie fürsorglich bei.

In ihrem Enkel Marcel fand sie ihren Lebensmut wieder. Ihr Leben bekam eine Aufgabe, einen neuen Sinn. Der Junge, den sie über alles liebte und mit Hingabe behütete, zauberte immer wieder ein Lächeln in Märtes Gesicht. Alles war gut. Sie vermisste nichts mehr.

Bis das Schrecklichste, was nie hätte passieren dürfen, geschah.

Maja war mit ihrem Mann und dem Sohn auf dem Weg zur Ostsee. Ihr Jahresurlaub stand an. Sie hatten ein Ferienhaus gemietet, um dort zwei Wochen vom Alltag auszuspannen.

Märte wollte lieber zu Hause bleiben. Es machte ihr nichts mehr aus, allein zu sein. Die Gartenarbeit füllte sie vollkom-

men aus, denn Märte hatte den Rosen-
garten neu anlegen lassen. Hier fühlte
sie sich überaus wohl. Ein Garten ohne
Blumen wirkte auf sie trostlos. Und so
verbrachte sie viel Zeit bei und mit ihren
Pflanzen.

Der Anruf von dem Unglück erreichte
sie am Abend. Ein Geisterfahrer auf der
Autobahn hatte all ihre Lieben aus dem
Leben gerissen. Von einem Moment auf
den anderen war das Wichtigste in Mär-
tes Leben ausgelöscht worden.

Der erneute Schicksalsschlag warf Mär-
te völlig aus der Bahn, ihre Lebensfreude
erlosch. Sie gab sich auf, aß und trank
nichts mehr, vergrub sich innerlich im
Zustand ständiger Schwermut, und ihr
sonst so ansteckendes Lachen ver-
stummte auf ewig.

***

Märte hat ihre Liebsten überlebt. Keine
freudigen Erlebnisse, kein Kinderlachen
und keine Arme mehr, die sie umfingen,
ihr so viel Herzenswärme gegeben und
Glück beschert hatten.

Stattdessen unbeantwortete Fragen: Warum muss ich denn weiterleben, wenn mein Kind tot ist? Mein Schwiegersohn und mein Enkel, den ich über alles geliebt habe? Ohne meine Kinder? Ohne jemanden, der liebevoll meine Hand hält, Stütze für mich sein könnte.

***

Märtes Atem geht schwer, die Bruchstücke ihrer Erinnerungen schwinden in weite Ferne. Ihre Kräfte ermatten, die Herzenswärme gefriert. Sie ist müde, realisiert nichts mehr, ersehnt den endlichen Schlaf.

Dämmerung kriecht in das Zimmer. Doch die Schatten der Nacht erreichen ihr Herz nimmer.

FATA MORGANA?

War es Liebe auf den ersten Blick, die Laura mit Wärme erfüllte?

Als sie langsam an ihm vorbeiging, spürte Laura, dass sein Augenspiel sie verfolgte und ihre Sinne bedrängte. Die Luft flimmerte, knisterte und vibrierte. Lauras Körper war ein rastloser Ort, ihr Herz klopfte und zog sich pulsierend zusammen. Das Zittern unter ihrer Haut steigerte ihre Erregung. Da er plötzlich vor ihr stand, lächelnd den Kopf zurückwarf und sie um ein Date bat. Es schien, als gäbe es nur sie und ihn. Laura vergaß alles um sich herum. Sie schwebte auf Wolken, immer höher hinauf, bis zum Sternenzelt.

Es ist nur ein Date, sagte sie sich, nicht mehr.

***

Von Liebe erfüllt liegt Laura neben ihm. Sie kann es noch immer nicht begreifen, wie das geschehen konnte.

Noch nie hat sie sich für ein derartiges Abenteuer geöffnet, sich einem ihr unbekannten Mann hingegeben. Vermag sie ihm ins Gesicht zu schauen, ohne sich zu schämen?

***

Er wurde Lauras einzige Liebe. Sie waren seelenverwandt, vermochten den geheimsten Gedanken des Anderen zu folgen. Stimmten überein, ohne Worte, eine Symbiose aus Vertrauen und unermesslicher Nähe, unangreifbar für Einflüsse von außen. Es war eine tiefgehende, brennende, aufrichtige Leidenschaft. Mit ihm erstrebte Laura das nie endende Lied der Liebe zu leben. Und diese Harmonie zog sich wie ein roter Faden durch ihre gemeinsame Biografie. Ihnen erwuchsen Jahre nicht enden wollender Hingabe.

***

Lauras Sinne beginnen zu wanken. Ihre Gedankenwelt wird von Strömungen der vergangenen Zeit überflutet. Zu tief sitzen die Wunden, denn mit seinem Tod ist auch ein Teil von ihr gestorben. Ihr Herz blutet. Der Tag des Abschieds ist ein qualvoller.

Und nie wieder würde sie sich in eine so zärtliche Leidenschaft versenken.

Ihre Sehnsucht fliegt hinauf zum Sternenhimmel. Mit halb geschlossenen Augen verfolgt sie ihre tastende Hand, die ruhelos zu ihm hinüber wandert. Sie will ihn berühren, doch sie greift ins Leere, findet die seine nicht.

Lauras Träumerei ist eine Reise ins Nirwana.

FEINDE ODER FREUNDE?

Ausgebrannt vom Job und der anschließenden kraftraubenden Gartenarbeit hatte sie sich ruhelos im Bett hin und her gewälzt, als Geräusche im Hauseingang sie in Angst versetzten. Argwöhnisch lauschte sie in die Finsternis hinein.

Panik keimte in ihr auf. Das Herz trommelte wie wild gegen den Brustkorb. In den Adern pulsierte das Blut, dass es in ihren Ohren rauschte und in ihren Schläfen pochte.

Am ganzen Körper zitternd biss sie sich auf die Unterlippe. Befanden sich etwa Eindringlinge im Haus? Hatte sie vergessen, die Haustür abzuschließen? Oder war es nur der Wind, der durch die undichten Kästen der Jalousien blies und die Tür- und Fensterrahmen zum Vibrieren brachte? Oder einfach ihre Einbildungskraft, die ihr einen Streich spielte? Sie zog die Bettdecke hoch bis zum Kinn und vergrub sich dann ganz darunter.

Die Korridortür öffnete und schloss sich. Etwas huschte näher an sie heran, setzte sich auf die Bettkante, kroch schließlich zu ihr unter die Decke. Kalter Atem blies ihr ins Gesicht. Eisige Schauer rasten über ihren Rücken. Das Grauen ergriff Besitz von ihr. Angstschweiß trat aus ihren Poren und durchnässte ihr Nachthemd. Sie getraute sich nicht, die Augen zu öffnen.

Bleib' ruhig, Keena, befahl sie sich, *das ist ein Angsttraum, alles nur eine Illusion.* Sie schob sich Stück für Stück fort zur anderen Seite des Bettes, fort von dem, was sich da neben sie gelegt hatte.

Was war es? Ein Mensch? Ein Tier? Ein Monster? Ein Nachtmahr? Was es auch immer war, es legte sich jetzt mit seiner ganzen Körpermasse auf sie. Die Matratze gab nach und einen Moment lang fürchtete sie, das ganze Bett könnte unter ihr zusammenbrechen und das, was da auf ihr lag, würde sie unter sich begraben und erdrücken.

Geh weg, runter von mir!, wollte sie schreien, doch die Beklemmung schnürte ihre Kehle zu. Sie war nicht in der Lage, sich zu bewegen, ihre Gliedmaßen waren schwer wie Blei. Sie hielt den Atem an, ihr Herz schien explodieren zu wollen.

Dann war plötzlich alles vorbei. Nichts, niemand lag mehr auf ihr und drohte sie zu zerquetschen. Sie öffnete ihre Augen, schlug die Decke zurück und richtete sich auf. Schaffte es, aufzustehen, schlich mit schlotternden Beinen und immer noch laut klopfendem Herz zur Haustür, um zu kontrollieren, ob diese verschlossen war.

Zögerlich drückte sie die Klinke herunter. Verriegelt! Sie atmete auf. *Gott sei Dank!* Dann durchstreifte sie die ganze Wohnung, ging in jedes einzelne Zimmer, schaute hinter und unter Möbelstücke, um sich zu vergewissern, ob da wirklich niemand in ihrem Zuhause war.

Nichts! Bin ich von allen guten Geistern verlassen? Leide ich unter Wahnvorstellungen?

Sie entledigte sich ihres durchge-schwitzten Nachthemds, das an ihrem Körper klebte, duschte hastig und zog frische Nachtwäsche an. Trotz der heißen Dusche fror und zitterte sie so sehr, dass ihre Zähne aufeinander schlugen. Sie be-schloss, sich wieder ins Bett zu legen, um sich zu wärmen, zu beruhigen und endlich einzuschlafen.

Nichts davon klappte. Ihr war immer noch eiskalt, ihr Herz schlug aufgeregt weiter, und sie starrte hellwach Löcher in die Luft, horchte aufmerksam in die Stille hinein, ob nicht doch jemand im Haus war.

***

Am nächsten Tag fand sie sich im Polizei-präsidium wieder. Unter Tränen berichte-te sie dem Kriminalbeamten, was ihr in der Nacht widerfahren war. Ihre gequälte Stimme brach dabei fast. Der Kommissar blickte sie skeptisch an, reichte ihr ein Taschentuch und verwies sie an eine Be-amtin, die für Sexualdelikte zuständig war. Die wies sie zur Kontrolluntersuchung in eine Klinik ein.

„Dann haben wir Gewissheit, ob Sie Opfer einer Vergewaltigung geworden sind", sagte die Beamtin. Sie klang sachlich, ohne eine Spur von Empathie.

Der ärztliche Befund fiel negativ aus. Keena begab sich erleichtert mit dem Gutachten des Sachverständigen auf den Heimweg, und am darauf folgenden Tag wieder zum Polizeipräsidium.

„Sind Sie denn sicher, dass jemand sich unberechtigt Zutritt in Ihr Haus verschafft hat? Gibt es private oder berufliche Konflikte?"

Der kalte Blick des Beamten schien sie zu durchdringen. Keena verneinte. Sie lebte schon lange ohne Partner und allein. Und hatte mit niemandem Ärger, soviel sie wusste ...

Dennoch wurde in ihrem Umfeld nach einem möglichen Motiv gesucht, ja sogar Alibis von Freunden und Verwandten wurden überprüft. Streifenpolizisten überwachten die Umgebung ihrer Wohnung, auch noch, nachdem klar war, dass es keine Spuren gab, die auf einen Einbruch oder eine andere strafbare Handlung hinwiesen.

Man wollte auf Nummer Sicher gehen. Doch am Ende konnte kein Täter ermittelt werden, weil es keine Tat gegeben hatte. Jedenfalls war das die Meinung der Polizei.

„Da ist nichts", sagte der Kommissar. „Vermutlich haben Sie einen sehr lebhaften Alptraum gehabt."

***

Es geschah immer wieder. Keena bekam fast jede Nacht Besuch. Das Procedere war stets das gleiche. Ihre Angst steigerte sich ins Unerträgliche in diesen grauenvollen Nächten. Auch tagsüber blieb sie angespannt und fürchtete sich immer mehr vor der Dunkelheit und davor, sich ins Bett zu legen.

Zur Polizei traute sie sich nicht mehr. Dort hatte man ihr die Adresse eines Psychologen in die Hand gedrückt und ihr geraten, Kontakt aufzunehmen.

Klar also, dass diese sie für plemplem hielten. Doch was sollte sie bei so einem Seelenklempner? *Gespräche führen? Worüber?* Sollte sie dabei ihr Innerstes nach außen kehren? Nein! Stattdessen horchte sie selbst in sich hinein. Was stimmt denn nicht mit ihr? *Sind es Halluzinationen? Habe ich etwa eine Psychose? Muss ich etwa in die Psychiatrie?*

Keena nahm sie sich vor, die Geschehnisse der wiederkehrenden nächtlichen Besuche (oder ihrer Einbildung davon) bei ihrem Hausarzt zu Gehör zu bringen. Oder lieber doch nicht? Er würde vielleicht an ihrem Geisteszustand zweifeln, ihr eine Nervenkrise oder gar eine Unzurechnungsfähigkeit attestieren.

Dann würde sie erst recht in eine Klinik eingewiesen und wer wusste denn, was sie dort erwartete...

Sie beschloss, doch keinen Termin in der Praxis zu vereinbaren.

***

Am Ende kamen sie zu dritt. Zwei ließen sich übereinander auf ihren Körper sin-

ken. Der Dritte setzte sich auf die Bett-
kante. Das Bettgestell ächzte und stöhn-
te unter der Last der schweren Körper.

Das ist kein Traum, dachte Keena und
gleichzeitig beschloss sie zum allerersten
Mal in all den qualvollen Monaten, sich
von ihrer Furcht nicht völlig überwältigen
zu lassen.

„Lasst mich in Ruhe!", rief sie laut und
boxte und trat um sich.

Der Spuk war beendet. Sie war allein in
ihrem Bett, nichts und niemand bedräng-
te sie mehr.

Keena stand auf, ging zum Spiegel im
Korridor und schaute hinein. Das blanke
Entsetzen fasste sie an. Mit zittriger
Hand fuhr sie sich durch dünne, weiße
Haarsträhnen. War sie plötzlich um Jahre
gealtert? Ihre Wangen waren leichen-
blass und wirkten wie mit einer Plastik-
haut überzogen. In dunklen Höhlen wan-
derten ihre Augen unruhig hin und her.
War sie das oder ein Gespenst?

Keena wusste, sie musste die Kontrolle
über sich zurückgewinnen, sich nicht von

ihren abstrusen Phantasien überwältigen lassen. Viele unausgesprochene Fragen schwirrten ihr durch den Kopf, als sie mit dem unheimlichen Spiegelbild einen Dialog aufnahm.

Bist du schizophren? Hast du paranoide Veranlagungen? Was geschieht mit dir?

Ihre Gedanken kreisten weiter um ihre Innenwelt. Bewahrte sie ein Geheimnis in ihrem Unterbewusstsein? Hatte sie abscheuliche Vorkommnisse aus ihrer Kindheit verdrängt, die sich wie Kerben messerscharfer Klingen in ihren Erinnerungen manifestiert hatten? War sie ein Opfer? Spiegelte Schweres und Belastendes sich in ihren Albträumen wider und hielten diese sie fest im Griff der Angst gefangen? Oder in einem konfusen Schattenreich?

Keena hatte den Eindruck, dass ihr etwas Wichtiges mitgeteilt werden sollte. Merkwürdig. Unrealistisch und suspekt! Vollkommen aus der Realität geworfen empfand sie sich. Sie war sich nicht sicher, was sie mehr überforderte: die Ant wort auf die Frage nach ihrem Gesundheitszustand oder die Tatsache, dass sie eine Erklärung für das alles finden wollte.

Du musst dich kennenlernen, mehr über deine Vergangenheit erfahren, gehe es mit Bedacht an. Rede mit deinen Einbildungen. Frag sie, was sie von dir wollen.

Als sie sich in eine Ecke auf der Couch unter die Decke kauerte, ergriff der ersehnte Schlaf Besitz von ihr.

Mit Zittern und Zagen nahm sie Notiz von ihnen. Sie waren wieder da. Diesmal stritten sie miteinander.

„Was wollt ihr von mir?", rief sie. Aufs Neue war die Angst tief unter ihre Haut gekrochen, ließ ihren Körper erbeben. Ihr Puls raste herzinfarktverdächtig.

Da schwebte eine Lichtgestalt heran und baute sich vor den Schattenbildern auf.

Noch ein Trugbild?

Beschwörend hob die Erscheinung ihre Flügel und senkte sie wieder. Zwei Arme streckten sich ihr entgegen.

Ab diesem Augenblick verschwanden die Schreckensbilder.

Und eine Last fiel von Keenas Schultern. Es schien, als habe die Zeit den Atem angehalten.

Seither hatte Keena keine Angst mehr, wenn sie nachts von ihren Träumen heimgesucht wurde. Sie kaufte ein Buch über Traumdeutung, um noch mehr Licht in das Dunkel zu bringen. Verstand, dass die Last der Körper, die sie zu erdrücken drohten, ihre alltäglichen Sorgen waren. Lernte, ihre Alpträume als Freunde, nicht als Feinde zu sehen. Freunde müssen manchmal sehr deutlich werden, wenn sie einem klar machen wollen, dass es gut sein könnte, sich selbst das Leben ein wenig zu erleichtern.

„Kind", hatte auch schon ihre Großmutter zu ihr gesagt, „du kannst nicht die Last der ganzen Welt auf deinen Schultern tragen. Denk an dich. Geh achtsamer mit dir um!"

Die Oma ist noch immer ihre gute Seele, ihr Schutzschild und Schutzengel! Hat vielleicht sogar sie Keena diese Träume geschickt?

FRAU OHNE NAMEN

Die junge Frau kam, sah und wollte erfolgreich sein. Dieses Ziel verfolgte sie hartnäckig. Alles für ihr Ego. Das Fazit: Am Ende stand sie vor einem selbstinszenierten Trümmerhaufen.

***

Niemand ahnte, dass die Frau auf Männerfang war. Ihr Beuteschema: ein ehelustiger, liquider Typ mit Haus und Hof. Für solch einen Mann heckte sie einen heimtückischen Plan aus. Sie würde so schnell wie möglich mit dem Auserwählten Nachwuchs zeugen und sich von ihm versorgen lassen. Doch bislang war kein Junggeselle in ihre Falle getappt.

Dennoch nahm die Frau jede sich bietende Gelegenheit wahr und nutzte vor allem Gesellschaftsabende zum Kennenlernen, buhlte öffentlich auffallend um Beachtung und flirtete überspitzt durch koketten Hüftschwung beim Tanz, wobei sie bei Annäherungsversuchen massenhaft Pheromone versprühte. Sehen und gesehen werden, das war ihre Devise.

Und dann schien es zu klappen. Animiert von ihrer dargebotenen Show arbeitete der Empfindungssitz eines in Erwartung gespannten Gernegroß auf Hochtouren. Durch Reizüberflutung der Leitungsbahnen hatten seine Neuronen Verbindung mit den Synapsen aufgenommen. Sein Gefühlsimpuls war von der Haarspitze bis zu den Fußsohlen in Erregung versetzt. So in Wallung gebracht, war er sich der Gefahr, in der er schwebte, nicht bewusst und wollte die Gunst der Stunde nutzen. Die Verlockung war zu groß. Welcher Mann würde für ein kleines Liebesabenteuer nicht schwach werden? Solch eine Offerte würde ihm möglicherweise nicht so schnell wieder ins Haus flattern. Es sollte ja nur ein Spiel sein, eine Romanze.

Ein Denkfehler seinerseits.

Mit schmeichelhaftem Geschick köderte die Frau den Junggesellen, und das anspruchslose Mannsbild geriet in ihre Fänge. Sogleich lotste sie ihre Eroberung in ihr Reich, brachte ihn in ihre irreführende und zugleich schöne Glitzerwelt.

Der Vollendung ihres Planes stand nun nichts mehr im Wege. Außerdem hatte sie ihn sogar ein wenig gern.

Nachdem die Frau den Mann selbstgefällig verführt hatte und ihr Anliegen befriedigt war, zeigte sie ihr wahres Gesicht. Schlagartig änderte sich ihr Verhalten. Üblicherweise hätte sie ihn überall vorstellen sollen, doch sie traute den Singlefrauen in ihrer Umgebung nicht. Was sie dem Mann jeden Tag unmissverständlich klarlegte.

Sie brauchte den Schritt in die Ehe auch nicht zu bereuen, denn der Mann unterwarf sich ihr. Unterjocht befolgte er die Kommandos der Frau. Die Verführende gewann immer mehr Kontrolle über sein Leben und legte ihm in ihrer narzisstischen Veranlagung Fesseln an.

***

Mit den Jahren reichte der Frau die Anwesenheit des Mannes nicht mehr aus.

Bösartig wartete sie in ihrem extravaganten Haus auf Besucher. Haderte mit sich. Ihr war langweilig, das Leben mit Mann und Kind erfreuten sie nicht mehr.

Unter Vorspiegelung falscher Tatsachen, mit gefallsüchtigem Gehabe und heuchlerischer Freundlichkeit lockte sie Sinnverwandte aus der Umgebung in ihren Bann wie das Licht die Motten. Machtbesessen nahm die charakterlose Frau auch ihre Nachbarn unter ihre Fittiche und wiegelte sie gegeneinander auf. Und ihr Mann schaute weg, mischte sich nicht ein, es war im einerlei.

Die gutgläubigen Mitwisser fügten und ergaben sich ihrem Schicksal.

Aus eigener Kraft vermochten sie es nicht, sich aus den Verflechtungen, Intrigen und Manipulationen der Frau zu befreien. Sie stürzten blind in ihr Verderben und wurden nicht mehr aus der Abhängigkeit entlassen. Die Frau kontrollierte ihren Wirkungsbereich. Ihre Einflussnahme kannte keine Grenzen.

Das gesponnene Netzwerk war ihrer Meinung nach unzerstörbar. Doch einige konnten sich aus ihrer Umklammerung befreien. Sie hatten das miese Spiel der durchtriebenen Heuchlerin durchschaut und sie in der silberhaarigen und bissigen Fassade entlarvt, was die Frau noch zänkischer werden ließ. Sie überwachte ihr Umfeld noch aggressiver, mischte sich überall ein, und scheute sich, streitsüchtig wie sie war, nicht davor, glückliche Familien zu zerstören.

Ihr Ehemann schwieg weiterhin.

Immerhin gelang es ihrem Gefährten einige Male, sich heimlich (zumindest dachte er das) aus der Gefangenschaft zu befreien, um sich anderweitigem Vergnügen zu widmen. Zu seinem Leidwesen flog sein Amüsement aber auf, denn die Frau kam ihm auf die Schliche. Sie war krankhaft eifersüchtig und beabsichtigte nicht, ihren Mann mit einer Rivalin zu teilen. Er war ihr Besitz, und diesen musste sie auf Tod und Teufel verteidigen. Er gehörte ihr. Nur ihr!

Auch ihren Nachwuchs bewachte die Frau egoistisch. Niemand durfte ihm zu nahe kommen.

∗∗∗

Von ihren Nachkommen für immer verlassen, vom Ehemann betrogen, sitzt eine frustrierte Frau in dem von ihr durch Lug und Trug erschaffenem Milieu.

Und wenn ihr Mann bis dato nicht aus seinem Haus hinausgeekelt wurde, dann fristet er sein armseliges Leben noch immer in der Knechtschaft seines Ehegefängnisses.

FROHE WEIHNACHTEN

Noch vier Wochen bis Weihnachten.

Sie machte sich an den gründlichen Hausputz. Gründlich hieß bei ihr, zusätzlich Fensterputzen und Gardinenwaschen.

So arbeitete sie sich nach Feierabend durch Zimmer um Zimmer, bis alles blitzsauber war. Dabei merkte sie, wie ihre Kräfte langsam nachließen. Es zwickte hier und schmerzte da. *Das ist in meinem Alter normal*, beruhigte sie sich.

Der Schmerz breitete sich vom Brustkorb in den rechten Arm aus.

Das ist nur ein Muskelkater, dachte sie, *du hast dich beim Gardinen ab- und aufhängen zu sehr angestrengt. Die Arme hoch über den Kopf gestreckt, und das bei deinen Bandscheibenvorfällen in der Halswirbelsäule! Selber schuld, wenn es dir nicht gut geht! Willst immer alles zu perfekt und schnell erledigen. Schalte mal 'nen Gang zurück!*

Sie nahm vor dem Zubettgehen eine Schmerztablette und konnte dann einigermaßen schlafen.

Doch als sich in den nächsten Tagen Schwindelanfälle häuften, beschloss sie schließlich, zum Arzt zu gehen. Aber würde sie so kurz vor Weihnachten überhaupt noch einen Termin bekommen? Sie zögerte, doch ein Anruf würde ihr Gewissheit bringen.

Sie griff zum Hörer und rief bei ihrem Hausarzt an. Leider waren alle Termine vergeben. Man riet ihr, es mal beim Orthopäden zu versuchen, doch diese Praxis war aufgrund der Weihnachtsferien geschlossen. *Gut,* sagte sie sich, *dann muss ich mir eben mit Schmerztabletten helfen.*

Doch dann fiel ihr ein, dass sie bei ihrem Vorsorgetermin in einigen Tagen, den sie auf jeden Fall wahrnehmen wollte, auch die Schmerzen und den Schwindel zur Sprache bringen könnte.

***

Die Gynäkologin untersuchte sie sehr sorgfältig und stellte ausführliche Fragen zu den Schmerzen. Dann tastete sie vorsichtig ihre Brust ab, wobei die Patientin bei jeder zaghaften Berührung zusammenfuhr.

„Ich mache vorsichtshalber mal eine Ultraschallaufnahme", sagte die Ärztin. „Da habe ich etwas ertastet und werde Sie auch zur Mammographie ins Krankenhaus überweisen."

Sie nahm die Überweisung und ging mit schweren Schritten die Treppe zum Ausgang hinunter. Das Herz klopfte ihr bis zum Hals und der kalte Schweiß stand auf ihrer Stirn. Sie fror innerlich und zitterte am ganzen Körper, als sie sich in ihr Auto setzte. Tränen liefen über ihre Wangen, denn es breitete sich eine Angst in ihr aus, die ihr nur allzu gut bekannt war. Sie konnte ihr nicht ausweichen. Vergessene Bilder tauchten plötzlich wieder vor ihr auf.

Würde sie das noch einmal durchstehen? Das Warten, Hoffen, dass der Befund negativ ausfällt? Vor über zehn Jahren war sie bereits an der linken Brust operiert worden, zudem hatte man damals auch ihre Gebärmutter und die Eierstöcke entfernt.

Sollte es nun die rechte Brust sein?

Damals hatte es nicht gut für sie ausgesehen, aber das Übel war ausgeräumt worden.

***

Und nun stand das Fest der Liebe vor der Tür. Sie hatte noch keine Geschenke für Sohn und Partner gekauft. Lebensmittel mussten auch noch besorgt werden.

Darüber, was sie zum Fest auftischen sollte, hatte sie sich noch keine Gedanken gemacht. Jedes Jahr das gleiche. Der eine will dies, der andere mag das nicht.

Ich bin nie gefragt, stellte sie traurig fest. Das war in ihrer gescheiterten Ehe auch schon so, nie waren ihre Wünsche wichtig gewesen.

Nun, dann richte ich mich mal wieder nach ihren Eigenwilligkeiten. Aber nur zwei Gerichte, mehr koche ich nicht, schwor sie sich.

Sie wünschte auch keine Geschenke für sich und besprach diesen Gedanken mit Sohn und Partner. Es sei ja doch nur ein Geben und Nehmen. Ihre Männer wunderten sich, fragten aber nicht weiter nach.

Die bevorstehende Untersuchung im Krankenhaus verschwieg sie, denn sie wollte den beiden das Weihnachtsfest nicht verderben. Also schleppte sie ihre Sorge allein mit sich rum.

Am Abend wollte ihr Partner Zärtlichkeiten austauschen. Sie blockte ab und erwähnte ihre Schmerzen.

Ihr Partner schüttelte verständnislos den Kopf und fragte, ob es denn keine Zwischenlösung gäbe.

Weinend legte sie sich bei dieser Bemerkung zur Seite. Wenn er nur wüsste, was sie im Moment durchlitt! Andrerseits wollte sie aber auch kein Mitleid von ihm und nahm sich vor, diese rücksichtslose

Beziehung nach Weihnachten zu been-
den.

***

Der Termin der Kontrolluntersuchung
rückte näher. Drei Tage vor Heiligabend.

Die Ärztin in der Klinik war sehr freund-
lich und fragte besorgt nach den beste-
henden Beschwerden und Vorerkrankun-
gen. Nachdem die Patientin sich in der
Kabine freigemacht hatte, wurde sie in
den Untersuchungsraum gebeten.

Mammographie. Sie hatte Angst vor der
unangenehmen und schmerzhaften Un-
tersuchung. Anschließend machte die
Ärztin noch eine Ultraschallaufnahme.

„Sehen Sie?", deutete sie auf einen
dunklen Punkt auf dem Monitor. „Da ist
etwas, eine Zyste." Auch auf dem Rönt-
genbild war eine Schattierung zu sehen.

Was heißt das? Zyste? Böse? Gut?

Sie verfiel in einen panikartigen Zu-
stand, welcher der Ärztin nicht verborgen
blieb. Die klärte ihre Patientin dahinge-
hend auf, dass eine Zyste eine mit Flüs-
sigkeit gefüllte Blase sei. Solche Wasser-

ansammlungen könnten mit Beginn der Wechseljahre entstehen, aber auch früher oder noch später. Ein erhöhtes Risiko für Krebserkrankungen würden sie aber nicht darstellen, könnten jedoch aufgrund ihrer Größe auf das umliegende Gewebe drücken und es folglich verdrängen, was oftmals Schmerzen bereite. Für eine Operation bestünde keine Notwendigkeit und gegen die Schmerzen reiche ein Gel, das sie auf die empfindlichen Stellen auftragen solle.

Die Ärztin riet ihr noch, die Vorsorgeuntersuchungen weiterhin wahrzunehmen, aber im Moment sehe alles gut aus.

Dabei stand sie auf, nahm ihre Patientin lächelnd in ihre Arme und wünschte ihr von Herzen ein frohes Weihnachtsfest.

Glücklich und von einer schweren Last befreit bedankte sich die Erleichterte unter Tränen bei der Ärztin und wünschte ihr ebenfalls ein frohes Fest.

Beruhigt fuhr sie nach Hause. Ein schöneres Geschenk hätte sie nicht bekommen können! Und jetzt war auch für sie Weihnachten.

***

Ein Jahr ist vergangen. Sie hat ihre partnerschaftliche Beziehung beendet. Das Weihnachtsfest ist nicht mehr weit und wieder steht für sie ein Kontrolltermin an.

Ist auch diesmal alles gut? Ich wünsche es mir von Herzen.

Frohe Weihnachten.

HUGO WAR SEIN NAME

Hugo streckte seine Gliedmaßen linear in alle Richtungspunkte.

Der feuchtfröhliche Vorabend hatte ihn bis zum Geht-nicht-mehr gefechtsuntüchtig gemacht. Krampfähnliche Nachwehen durchströmten sein pubertierendes Oberstübchen. Sie würden hoffentlich keine Beeinträchtigung irgendeiner Art hinterlassen. Der Appetit auf´s Frühstücksessen war ihm gründlich versalzen worden. Seine Zunge lechzte wie eine Trockenpflaume nach Flüssigkeit.

Er trank Kribbelwasser, verschluckte sich – Hicks – haute sich ein weiteres Mal auf seine Lauschlappen, um an der Matratze zu horchen. Seine Gucker fielen ohne moralische Unterstützung zu.

Vielleicht träumte Hugo von seiner Heimat.

✳✳✳

Ein neues Familienmitglied.

Die Geschwister freuten sich über den quirligen Zuwachs. Ein goldiges Jüngelchen war bei ihnen eingezogen. Ein Immigrant aus Aleppo/Syrien. Er musste durch gewisse Umstände sein Heimatland für immer verlassen. Sein Name war Mesocicetus auratus. Kaum auszusprechen für die Teenager.

Die Familie gewährte dem Zugezogenen eine Bleibe.

Zum Leidwesen der Mitbewohner war der Neubürger nachtaktiv. Bei Tagesanbruch kroch der Kleine unter seine Zudecke in seinem Bettchen. Gemeinsames Familienleben war illusorisch. Hatte Hugo eine ganz andere Kinderstube genossen? Angst sich daneben zu benehmen?

Seine Nahrung versteckte der Wicht in einer Zimmerecke unter Zeitungspapier. „Das musst du nicht, du wirst bei uns nicht verhungern", sagte seine jetzige Ziehmutter. Mit aufgeplusterten Backen und blinzelndem Augenaufschlag saß Hugo mit flatterndem Herzen vor ihr. Hugo verstand ihre verbale Verständigung nicht.

Am Tagesende saßen der Familienrat, die Halbstarken, bei Knusperflocken und Bier zusammen am Küchentisch. Ihre Aufgabe; einen passenden Namen für den Knirps finden. Wie sollten sie ihn namentlich ansprechen? Welcher deutsche Name würde am besten zu seinem Naturell passen? Mit wem hatte er Gemeinsamkeiten? Objektiv betrachtet. Sie stritten sich wie die Kesselflicker. Konnten zu keiner Einigung kommen. Die Namensfindung gestaltete sich als äußerst schwierig.

Derweil schlich Hugo unbemerkt auf stämmigen kurzen Beinchen durch sein neues Zuhause. Sein Reich war nicht voluminös, aber zweckdienlich.

Schließlich gesellte er sich nichts ahnend zu den jungen Leuten an den Tisch.

Sie hatten sich in der Zwischenzeit scherzend auf einen Namen festgelegt: Hugo sollte das Pubertier heißen, denn seine onyxfarbenen Knopfaugen erinnerten an einen Nachbarn aus ferner Vergangenheit.

Der Berieselung stand nichts mehr im Wege. Einer der bereits beduselten Jünglinge entleerte den Rest aus seinem Bierglas auf Hugos Kopf: „Ich taufe dich auf den Namen Hugo." Die Burschen johlten olympiareif. Bedröppelt – wortwörtlich – schüttelte der vom Pech Verfolgte seine Haare, ließ sich aber nicht aus der Fassung bringen. Dabeisein ist alles. Zu allem Überfluss leckte er mit seiner fleischfarbenen Zunge das kostbare Nass von der Tischplatte auf.

Hugo ließ sich von der guten Laune der Mitbewohner infizieren, genoss die Party seiner Namensgebung. Seine ballonartigen Pausbacken dehnten sich zu einem Grinsen aus. Die Stimmung in der Humorzone steigerte sich, und Hugo wurde auf ein Nippchen, denn zu mehr war er ja noch zu jung, eingeladen. Er nippte mal hier, mal da, und feierte munter drauflos.

Bis zu diesem Tag war Hugo nicht mit Alkohol in Berührung gekommen.

Die physische Reaktion ließ nicht lange auf sich warten. Aber was tat er da? War er eventuell seines Daseins schon überdrüssig geworden? Wollte er sein gerade beginnendes sorgenfreies Leben schon beenden?

Total aus dem Häuschen war Hugo auf sein kleines Rad geklettert und strampelte Wieselflink hemmungslos drauflos.

Ein Aufschrei der Jugendlichen beendete das Fest, denn Hugo war mit einem Wuppdich, einer akrobatischen Luftnummer, in hohem Bogen aus dem Laufrad geflogen und rücklings auf dem Boden aufgeschlagen. Da lag er nun – Ärmchen und Beinchen von sich gestreckt.

Erschrocken starrten die Jungen hilflos auf das Häufchen Elend, das bewegungslos vor ihnen lag. Vermuteten, Hugo hätte sich sämtliche Knochen gebrochen. Sie bedauerten, dass sie dem Jüngsten im Bunde erlaubt hatten, Alkohol zu trinken. Er hätte dabei draufgehen können. Ganz schön fies von den Burschen. Die Teenis hatten ihren Spaß gehabt und Hugo das Nachsehen.

Sie fühlten an seiner Halsschlagader, holten einen Kosmetikspiegel, hielten ihn vor seine Nase, um zu prüfen, ob er noch atmet. Schreckgelähmt bangten sie um Hugos Leben. Zum Glück atmete Hugo noch. Ein kraftloser Hauch vernebelte den Spiegel. Sie brachten ihn in eine bequeme Seitenlage, wie sie es beim Erste-Hilfe-Kurs erlernt hatten.

Was könnten die jungen Leute tun? Sie rätselten, quatschen alle durcheinander und bemerkten erst nicht, wie Hugo aufstand und strauchelnd in seinem Bettchen verschwand, um dort in aller Seelenruhe seinen Rausch auszuschlafen.

Hugo der Hamster lebte noch einige Jahre glücklich und zufrieden mit den anderen Jungs.

MIT SPECK FÄNGT MAN MÄUSE

Regina stand Ende September vor dem Haus und erwartete jeden Moment den Bauern mit den bestellten Grundnahrungsmitteln. Sie hatte eine Fuhre Erdäpfel zum Einkellern bestellt, genau genommen fünf Zentner. Die Frühkartoffeln waren verzehrt und für den Herbst und Winter musste der Vorrat nachgefüllt werden. Der Anbau im eigenen Garten war Regina zunehmend zu schwer geworden. Nur noch Gemüse pflanzte sie an und einige Sorten von Salat. Saatgut gab es zu Genüge.

Langsam schob der Traktor seinen Anhänger in die große Einfahrt und kam vor der Haustreppe zum Stehen. Der Landwirt, ein sonnengebräunter Mann, stieg ab. Da stand er, in grauer Cordhose und im vermutlich von seiner Gattin selbst gestrickten Pulli und dazu passender Wollmütze. Die nahm er jetzt ab und begrüßte Regina mit einem freundlichen: „Hallöchen, da sind wir: die Kartoffeln und ich." Er setzte seine Kopfbedeckung wieder auf, entriegelte die Anhängerklappe, kletterte hinauf und zog die Kartoffelsäcke auf der Ladefläche heran.

Regina hielt die Seiteneingangstür zum Keller weit geöffnet und trat beiseite, um dem rundlichen Bauern Platz zu machen. Auf seiner Schulter schleppte er einen Sack nach dem anderen hinunter in den Vorratskeller.

Geschafft. Durch die Anstrengung sichtlich erschöpft, lehnte sich der leicht gekrümmte, nicht mehr ganz junge Mann nach getaner Arbeit an den Türrahmen und wischte sich mit einem ölverschmierten Taschentuch den Schweiß von der Stirn. Regina schaute ihn amüsiert an, um ihn dann verständnisvoll ins Haus zu bitten. Sie lud ihn in die gute Stube, bot ihm einen Platz an und bedankte sich mit einem Pinneken Korn bei dem Landmann.

„Naja, besser zwei, denn auf einem Bein kann man nicht stehen", scherzte der Landwirt und schenkte sich beherzt selbst noch einen nach. Sie plauderten ein Weilchen über die Kartoffelernte, wobei der Bauer erwähnte, dass sich der Kartoffelkäfer in diesem Jahr rasant vermehrt habe. Um dagegen anzukämpfen, habe er einige Jungs aus der Nachbarschaft angeheuert. Die hatten in den Schulferien gegen ein kleines Entgelt von morgens bis abends die Schädlinge von den Kartoffelblättern gepflückt. Die Jungs seien ihm eine große Hilfe gewesen. Konnten zwar nicht alle Käfer erwischen, aber ein sehr großer Teil der Pflanzen sei vor den Schmarotzern, wie der Bauer sie nannte, verschont geblieben.

Regina nickte hin und wieder, freute sich mit ihm über die Hilfe der fleißigen Burschen und machte sich daran, die Flasche vom Tisch zu räumen.

Das gefiel dem schon leicht angesäuselten Mann nicht, er beharrte auf einem weiteren Schnaps.

Regina goss nach, stand dann auf und verabschiedete sich von ihm mit wohlmeinendem: „Auf Wiedersehen – bis zum nächsten Jahr!".

Nachdem der Landwirt mit seinem Trecker davon getuckert war, bereitete Regina das Mittagessen vor. Ihre Kinder würden bald aus der Schule kommen, einen ordentlich Schmacht haben und viel Kraft brauchen. Denn das Kartoffellager aus Holz hatte Regina bereits aufgebaut, und die Knaben sollten Regina bei der Einlagerung helfen.

Nach dem Mittagessen ging Regina mit zweien ihrer drei Söhne hinunter in den Keller. Die Halbwüchsigen halfen, besser gesagt, sie standen ihr zuerst mehr oder weniger bei der Arbeit im Weg. Aber dann sprach Mutter Tacheles, erklärte ihnen, was sie zu tun hatten.

Regina öffnete die Tüten mit dem Haltbarkeitspulver. Der größere der beiden Jungs kippte einen Sack Kartoffeln in das Lager. Mutter stäubte das Pulver darüber und der jüngere Sohn deckte die Knollen mit Zeitungspapier ab. So kullerten die Kartoffeln nacheinander in das Vorratslager, bis es voll und die Säcke leer waren.

Am nächsten Tag wollte Regina für ihren Ehemann und die Söhne Reibeplätzchen backen. Sie nahm den kleinen Eimer und ging hinab in den Keller, hob das Zeitungspapier an und stutzte. Zwischen Papierschnipseln lagen kleine Kügelchen. Das kann doch nicht wahr sein, dachte Regina. War das Mäusekot? Hatte der Bauer mit den Kartoffeln auch eine Maus frei Haus geliefert? *Das muss ich im Auge behalten*, dachte sich Regina. *Da muss eine Mausefalle her. Ungeziefer will ich nicht im Haus haben.*

Sie nahm eine Handvoll Kartoffeln und schrie auf. Da war etwas Warmes, Fellartiges in ihrer Hand. Vor Schreck ließ sie den kleinen Nager fallen, der flink wie ein Wiesel unter einem Regal verschwand. Regina suchte und suchte, konnte das Mausevieh aber nicht mehr entdecken. *Dann eben nicht, also doch Mausefalle kaufen!*

Regina füllte den Eimer und ging hinauf in die Wohnung. Beim Mittagstisch erzählte sie es den Kindern. Alle lachten, nur der Jüngste zog einen Flunsch. „Das ist Tierquälerei! Die Maus sucht sich nur ein warmes Plätzchen zum Überwintern", lamentierte er mit weinerlicher Stimme. „Genug zu essen hat sie ja", witzelte der Ältere.

Am nächsten Tag stellte Regina zwei Mausefallen auf, eine gespickt mit Käse und eine mit Speck.

Jeden Tag in der kommenden Woche schaute sie nach, ob die Maus in die Falle getapst war. Nichts. Keine Maus, weder Käse noch Speck waren auffindbar.

Merkwürdig, überlegte Regina. Irgendetwas stimmt hier nicht. Sie nahm eine der beiden Fallen, stellte sie vor die Treppe und klemmte noch ein extra großes Stück Speck unter den Köderbügel auf der Holzwippe. Vielleicht klappt es ja hier am Treppenaufgang.

Am Wochenende, als Regina wieder nachschaute, hörte man sie lauthals im Keller lachen. Sie hatte in der Mausefalle einen Zettel gefunden. *Die Maus war hier*, stand in den krakeligen Buchstaben ihres Jüngsten darauf.

Als sie beim Mittagessen die gefundene Botschaft der Maus herumzeigte und völlig ernst das Schreibvermögen des klugen Nagers bewunderte, prustete der Sohnemann los und konnte kaum sprechen.

„Immer wenn du ... wenn du die Falle mit ... mit Speck gefüllt hast", stotterte er in sein Gelächter, „dann hieß es doch immer: „Mit Speck fängt man Mäuse!"

Erneut schüttelte er sich vor Lachen. „Man kann sie damit aber auch anlocken!"

Der kleine Tierfreund schaute seine Mutter mit treuen Augen an. „Hab ich gemacht! Mit dem Speck und Käse aus der Falle hab ich lieber Spuren in die Kellerecke gelegt und immer wieder nachgeschaut, ob ich sie dort beim Fressen erwischen kann. Gestern Abend war es so weit. Ich habe einen Kasten über sie gestülpt und einen Karton darunter geschoben. Draußen im Garten hab ich das

Mäuschen ganz hinten unter den Büschen frei gelassen." Voller Stolz über den gelungenen Streich strahlte er seine Mutter an. „Du glaubst nicht, wie schnell die weg war!"

Regina konnte kaum verbergen, dass sie ebenfalls stolz auf ihn war, drehte sich weg und räumte schmunzelnd die Teller in die Spüle.

NOT – LÜGE?

Ich hörte

Vom Feuerwerk –
Durch Strahlenbündel entfacht
Von Lebewesen –
Im Pulverhauch erwacht

Von Feuerreitern –
Im unwegsamen Gelände verirrt
Von Geschöpfen –
In Sanddünen, verwirrt

Von Nachtschwarzen Flügeln –
Wandervölker, auf unbekannten Wegen
Von Seelenwesen –
Durchsichtig zur Erleuchtung schweben

Vom Blutvergießen
In der Nacht
Von Gier
Nach Macht

Sinnloser Krieg?   Notlüge!!

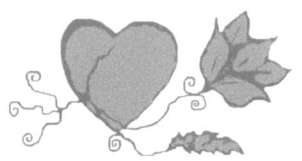

ÖSTERREICHISCHER HUMOR

Der erste Urlaub seit fünf Jahren. Wie Bolle freute Britta sich darauf. Frische Bergluft atmen, Gipfel erklimmen und im Talsee schwimmen, mal etwas Neues ausprobieren, statt immer nur den ganzen Tag irgendwo am Strand zu liegen und sich von der gleißenden Sonne braten zu lassen.

Heute, am zweiten Urlaubstag, wollten sie und Dirk mal einen unscheinbaren Berg ersteigen, als Mutprobe sozusagen, um ihre Kräfte auszutesten.

Sie schlossen sich einer Wandergruppe an, um auf einer Jausenstation Almluft zu schnuppern und sich von der dort ansässigen Sennerin kulinarisch verwöhnen zu lassen.

Der extrem steile schmale Pfad zum Almgasthof führte kurvenreich durch einen schwülwarmen Laubwald nach oben hinauf.

Britta hatte vorsorglich eine Strickjacke mitgenommen, die sie wegen der Wärme aber um ihre Hüften drehte. Ihren Rucksack hatte sie ihrem Göttergatten in die Hand gegeben, denn ohne Gepäck ließ es sich bekanntlich leichter wandern.

Aber auf so einen Fußmarsch war Britta nicht vorbereitet. Etwa alle 20 Meter machte sie eine Pause, hockte sich hin oder lehnte sich an einen Baum.

Glitzernde Schweißperlen brachen erbarmungslos aus allen Poren, benetzten die Augen, die wie Feuer brannten. Zu allem Überfluss lockte der Schweißgeruch Stechmücken an. Sie schlug wild um sich, und damit sich die Blutsauger nicht vollends an ihr laben konnten, zog sie flugs ihre Jacke über die juckenden Einstiche.

Die Wandergruppe war bereits um Längen vorausgeeilt. Britta konnte mit den gestandenen Männern nicht mithalten. Machten die Herren einen Schritt, so musste Britta zwei tun. Sie war klein und zierlich, ihr Gemahl hingegen groß und sportlich.

Schon nach wenigen Biegungen hatte Britta die Orientierung verloren. Sie folgte schließlich nur noch den Hinweisschildern und schleppte sich mühsam den Weg weiter bergan. Ihre Hoffnung, unbeschadet am Gipfel anzukommen, hatte sie mittlerweile begraben. Sollte sie den Weg wieder zurückgehen und unten auf ihren Ehemann warten?

Was gäbe sie jetzt für einen kleinen Schluck kristallklarem Quellwasser. Doch die Wasserflasche war im Rucksack, ihr Asthmaspray ebenso.

Sie prustete und schnappte nach Luft wie ein Fisch nach einer Eintagsfliege. Ihr war übel und der Blutkreislauf schien langsam zu versagen. Sie wankte, einer Ohnmacht nahe. Vor ihren Augen tanzten bunte Lichter; fetzenhafte Erinnerungsbilder nahmen Besitz von ihren Gedanken, zogen an ihr vorbei und ersetzten sich durch neue. Ihre Beine wollten ihren Körper nicht mehr tragen, als ihr eine reine Brise frische Luft zufächelte. Sie taumelte ermattet zu einem Baumstumpf auf einer Blumenwiese und setzte sich schwer atmend darauf. Ihre schlecht trainierten Lungenflügel pfiffen eine unbekannte Arie.

Bevor sich Britta ihrer Umgebung bewusst wurde, erschien eine nebulöse Gestalt vor ihren von Sonne geblendeten Augen.

„Geht´s Ihrner net gurt? Kommn´s mit nei in die Gaststubn, da könn´s sich ausruhen." Die Frau gab ihr ein Glas mit kühlem Wasser zu trinken.

„Danke", sagte Britta, „ich bleib noch einen Moment hier sitzen."

Wie lange sie so dasaß, wusste Britta nicht mehr. Kribbelnd flutete der Lebenssaft ihre Adern. Mit immer noch wackeligen Beinen ging sie in den Almgasthof hinein und hielt Ausschau nach ihrem Mann. Ein dröhnendes Gelächter empfing sie, als ihr hochgewachsener Ehemann auf sie zukam. Er überragte Britta um fast zwei Kopfgrößen.

„Was ist denn hier los?, " fragte sie ihn stutzig werdend und schaute sich um, denn alle Blicke waren auf sie gerichtet. Puterrot angelaufen setzte sich Britta mit ihrem Mann an einen Tisch.

„Ach," stimmte Dirk in das Gelächter ein, „Die Wirtin ist gerade eben hereingekommen und hat gefragt, zu wem die kleine Frau gehört, die da draußen völlig atemlos auf dem Baumstumpf sitzt. Ich bin aufgestanden und schaute aus dem Fenster und habe geantwortet, dass du meine Frau bist."

Da meinte die Sennerin lauthals zu Dirk, dass alle Gäste es hören konnten: „Na servas, ma Lieaber, die ham´s aber sauba zsammgschoben".

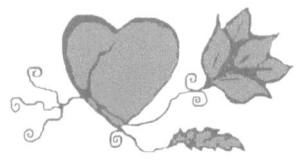

PILLEN VOM HEILIGEN GEIST

Pfarrfest. Viele Bretterbuden waren am Vorabend aufgebaut worden, gefüllt mit Zuckerstangen, selbst gemachten Karamellbonbons und allerlei Naschwerk für die Kirchfestbesucher.

Mit Eisen beschlagene Hufe klapperten über das Pflaster. Ein, mit blechernen Töpfen und Pfannen beladener, scheppernder Karren lärmte in aller Herrgottsfrühe durch die noch verschlafene Stadt. Die teilweise zerfledderte Plane über dem Wagen wand sich wurmartig um die Befestigungsstangen. Auf dem Bock saß ein kaum zu erkennendes, nicht mehr taufrisches Mannsbild, den Schopf eingehüllt in weißem Tabakrauch.

Dieser eigenartige Wanderhändler, ein Mann von schlichtem Gemüt, wie man ihn nicht alle Tage trifft, stellte das einspännige Fuhrwerk auf dem Marktplatz unmittelbar vor der Kirche ab. Direkt vor die Nase der frühen Kirchgänger.

Hier wollte er sie abfangen, diese und jene von seinen Waren überzeugen und zu einem Kauf überreden.

Schwerfällig stieg der einfach Gestrickte vom Führerstand herunter. Band den knochendürren, abgehalfterten Gaul, an dem man jede Rippe einzeln befingern konnte, mit einem mickerigen Strick an einen Laternenpfahl an. Schmalhans-Küchenmeister war ihr ständiger Begleiter.

Der Handelnde brachte außer Gerüchten und Nachrichten auch allerlei Nützliches mit. Für die Betuchten im Ort hatte er Ballen von Seide, Gürtelschnallen und Haargeschmeide im Gepäck.

Für Bedienstete gab es Gebrauchsgüter und allerlei Krimskrams für den herrschaftlichen Haushalt:duftende Kräuter, Wurzeln und verschiedene Pülverchen, wobei niemand verstand, wozu die nützlich sein könnten. Die Behandlung von Krankheiten fiel in die Zuständigkeit des hier ansässigen Medikus.

Zurück auf den Bock geklettert pries er seine Waren feil. Er hatte es sich zur

Aufgabe gemacht, einen Handel mit der Kirche einzugehen, den vom Glauben erfüllten Anhängern für ihr Seelenheil etwas Hoffnungsvolles in diesen lausigen Zeiten anzubieten.

Sein Aushängeschild in diesem Jahr war mit besonderen Eigenschaften gesegnet: Eine Tüte, gefüllt mit „Pillen vom heiligen Geist". Durch den Erwerb dieser Pillen würden den Missetätern ihre Sünden erlassen und man könne so einen Platz im Himmelreich erlangen.

Eine Art Ablasshandel.

Doch nicht eine einzige Tüte verkaufte der Pillendreher. Die Leute trauten sich nicht, hätten ja öffentlich bekennen müssen, dass sie gesündigt haben. Ihre Verfehlungen beichteten sie lieber dem Pfarrer. Auch dieser bereitete ihnen ja, durch ein ordentliches Scherflein ihrerseits unterstützt, den Weg zur Himmelsleiter.

Der Handelsmann packte wutentbrannt seinen Kram zusammen. Nicht ein einziger Taler landete in seinem Geldsack.

Doch bevor er mit seinem Gaul und Karren von dannen ziehen konnte, wurde der arme Teufel von der Gendarmerie festgenommen.

Er stand auf der Fahndungsliste. Seine angeblichen Pillen vom heiligen Geist waren mit Puderzucker bestreute Ziegenköttel.

***

Diese wahre Geschichte hat mir meine Großmutter erzählt. Den Mann gab es in 1940ern tatsächlich. Er wohnte nirgendwo, lebte auf der Straße.

Ablasshandel im 20sten Jahrhundert. So dumm kann der Landstreicher nicht gewesen sein. Ich habe aus ihm einen fahrenden Händler gemacht,

STRANDERLEBNISSE

Unter der Voraussetzung, dass sie von einer Zuzahlung befreit war, nahm Selma das Geschenk der Krankenkasse dankbar an. Im anderen Fall wäre sie nicht gefahren. Eine vierwöchige Rehamaßnahme. Förderlich für ihre Genesung. Das versprach zumindest der zuständige Sachbearbeiter, gleichwohl ohne Brief und Siegel.

***

Selma lag lang ausgestreckt in einem bequemen ledernen Sessel. Ihre Fußspitzen waren nach außen gedreht und die Arme lagen seitwärts neben ihrem Körper an. Hoffentlich ist das keine Hypnose, mutmaßte sie. Da könnte ich ja mein Innenleben preisgeben.

Und darüber musste ja nicht jeder der hier Anwesenden Bescheid wissen!

„Wir nennen diese Übungen im Fachkreis Psychohygiene", eröffnete der Arzt die Einführung in die Therapie.

„Ihr Körper reagiert auf Reize, denn er wird durch Ihr Gedankengut gesteuert. Ich werde deshalb eine meditative Anwendung vorstellen, auf die Sie sich allerdings einlassen müssen. Prägen Sie sich bitte folgende Leitsätze ein, die ich Ihnen jetzt vorspreche: Die Formel zur Einstimmung lauten: Mein Herz schlägt ruhig. Meine Arme und Beine werden warm und schwer. Zur Rücknahme werde ich sagen: Augen auf. Atmen sie dann mehrmals tief ein und aus."

Nach einer kleinen Pause begann der Arzt mit sanft einwirkender Stimme: „Keine Angst. Schließen Sie ihre Augen."

Und nach einer weiteren Pause: „Fokussieren Sie sich bitte jetzt gedanklich auf meine Worte."

Und dann hörte Selma, wie der Arzt mehrmals die beiden Merksätze zur Einstimmung wiederholte.

***

Mein Herz schlägt ruhig? Wie soll das hier gehen? Selmas Pumpe transportierte siedend heißes Blut durch ihre Adern, dieweil sie blinzelnd mit halbgeschlossenen Augen zu ihrem nervtötenden Nachbarn hinüber sah. Der lag tatsächlich aufgrund der monotonen Ansagen des Therapeuten im Schlummerzustand und sägte Holz. *Hoffentlich den Ast, auf dem er sitzt!*, schoss ihr durch den Kopf. *Doch was juckt es die deutsche Eiche, wenn sich ein Wildschwein an ihr reibt!* Selma nahm eine neue Position im Sessel ein. Rutschte tiefer, den Gedanken nachhängend.

Ja, das war der Kerl, der sie am Anreisetag bedrängt und ungalant am Empfang angequatscht hatte. „Sind Sie auch heute angereist oder fahren Sie schon zurück nach Hause? Wenn nicht, könnten wir uns zusammentun." Und dann war es erst richtig losgegangen: „Wir könnten die folgenden Wochen zusammen trainieren. Sie gefallen mir ..."

Seine letzten Worte verwehten glücklicherweise halbwegs im Durchzug. Doch er ließ nichts unversucht, um Selma näher zu kommen. „Ich werde mich darum kümmern, dass wir im Speisesaal gemeinsam an einem Tisch sitzen können. Und ziehen Sie sich für den heutigen Abend was Hübsches an. Ich würde sie gerne in das benachbarte Tanzlokal entführen. Und dann sehen wir weiter. Was uns für die bevorstehende Nacht noch so alles einfällt." Er schmunzelte unverhohlen.

Selma wich zurück. „Stopp!". Sie atmete hastig, seine zweideutigen Worte gingen ihr durch Mark und Bein, hatten ihre Reizleiter getroffen. So ein ungehobelter Klotz. Besitzt der kein Taktgefühl? Was bildet dieser Flegel sich ein. Hat sich nicht bei ihr vorgestellt, aber will mit ihr ... die Abende und Nächte verbringen?

Nicht mal im Traum würde sie sich auf diesen arroganten Knaben einlassen. Die Lüsternheit sprang ihm förmlich aus den Augen.

Hoffentlich bemerkt er meine verflixte Unsicherheit nicht! Dieser Mann war mit Vorsicht zu genießen. Selmas Puls ging hoch und ihre bleichen Wangen färbten sich in ein dunkles Tomatenrot. Ernsthaft in Betracht zu ziehen, dass ausgerechnet dieser Casanova mit ihr zusammen „trainieren" könnte, wie er es unverfroren nennt, das erschien Selma völlig absurd. Räum bloß das Feld, du fischt im Trüben, beabsichtigte sie, zu sagen, doch da drehte er schon ab und stolzierte mit seinem verschlissenem Koffer und vollbepackten Plastiktüten erhobenen Hauptes zum Fahrstuhl.

Zu solchem Zweck zur Kur fahren?! Neiiin! Ein Amüsement mit einem Kurschatten anzufangen, das widerstrebte ihr. Aus gutem Grund zeigte Selma ihm hinterrücks den Mittelfinger. Eine Reaktion, die zeigte, wie sehr sie sich von diesem Mannsbild gedemütigt fühlte.

Es war eine ihrer leichtesten Übungen.

„Sie kennen sich?" zwinkerte die Empfangsdame Selma zu.

Streu du nicht auch noch Salz in die Wunde, ich brauche einen klaren Kopf.

„Nein!" Völlig überrumpelt nahm Selma den Schlüssel an sich und ging ebenfalls zum Lift, als die Luft rein war. Ihre Koffer waren bereits vom Hausmeister auf ihr Zimmer gebracht worden.

Selma versuchte alles, um diesem unangenehmen Kerl in den nächsten Wochen aus dem Weg zu gehen. Ein vergebener Wunsch.

***

Und nun lag Selmas Stalker auch noch schnarchend im Klubsessel neben ihr. Es war ihm tatsächlich gelungen, auch diese Therapiestunden mit den ihren abstimmen zu lassen.

Da wollte sie sich wenigstens einen Spaß auf Kosten ihres Nachbarn nicht verkneifen und prustete laut los, um den blasierten Anrainer aus dem Schlaf zu reißen. Der räusperte sich nur kurz, betrachtete sie miesepetrig und fiel erneut in tiefen Schlaf.

Selma schenkte ihm keinerlei Beachtung mehr. Mach dich doch mal locker, befahl sie ihrem Denkorgan und ließ sich nun ebenfalls von den Kommandos des Doc's leiten. Sie befolgte jede seiner An-

160

weisungen und Ihre Arme und Beine wurden warm und schwer. Ihr entkrampfter Körper schien in Watte gepackt zu sein. Entspannt vergaß Selma alles um sich herum und ignorierte abschweifende Gedanken. Sie atmete tief in den Bauch hinein. Spürte dem Feuer in Ihrem Inneren nach, welches allmählich vom Sonnengeflecht Besitz ergriff. Ohne Schmerzen stürzte Selma in einen Strudel, wirrloser Imaginationen hinein.

Sie erinnerte sich an einen Ort, an dem Sie Ruhe gefunden und der tiefe Eindrücke bei ihr hinterlassen hatte. An Geräusche und Gerüche. Der Duft von Wildrosen kitzelte Selmas Nasenflügel, manifestierte sich im Geruchsorgan. Geleitete sie durch den heißen Sand der Dünen zu einer malerischen Bucht. Wohlig warme Wellen umarmten ihre nackten Beine, derweil sie knietief im Wasser stand. Die Salzflut prickelte angenehm auf der Haut. Selma versank langsam in der gefährlichen Brandung.

Als sie sich von den unberechenbaren Gezeitenströmungen treiben ließ, führte sie lieblich zwitschernder Gesang zurück zu den Sanddünen. Ihr Blick folgte den schwebenden Sängern, bevor er sich an den Luftwanderern am Horizont verlor.

Ehe Selma das Rätsel lösen konnte, wie sie hier hergekommen war, wurde sie auf Knall und Fall in die Wirklichkeit zurückgeholt.

Selma reckte und streckte sich, gähnte mit offenem Mund und vorgehaltener Hand, als wäre sie aus einem hundert Jahre langen Schlaf erweckt worden. Schlaftrunken schaute sie sich um und zuckte zusammen. Fantasierte sie, oder war das der therapierende Arzt, der sie mit spitzbübischem Lächeln ansah.

„Na? Wie war Ihre erste Übung? Erzählen Sie mal, ob und was Sie erlebt haben?", fragte er die Runde.

Die anderen Patienten hatten nichts zu berichten. Einige hatten sich nicht entspannen können. Manche waren einfach nur eingenickt.

Nur Selma schilderte ihre kuriose Episode, erzählte ausführlich über ihren Strandspaziergang. Das Irritierende dabei war, dass nur ihre linke Körperhälfte von den Wellen erwärmt worden war.

„Wo haben Sie denn die größten Beschwerden?", fragte der Medikus.

„In der gesamten linken Körperseite", antwortete Selma.

„Da hat die erste Übungseinheit aber schon Einfluss auf Ihre Genesung genommen! Bleiben Sie am Ball! Trainieren sie täglich. Es wird sich bald eine enorme Verbesserung Ihrer Beeinträchtigung einstellen", staunte der Arzt, sichtlich beeindruckt.

Doch der Gedanke, dass Selma der Stress zu Hause wieder einholen würde, hemmte ein wenig ihre Begeisterung. Gleichwohl nahm sie sich fest vor, die Zeit in der Reha vor allem mit diesem psychohygienischen Training für sich zu nutzen. Und sie hielt sich daran.

***

Selma hatte Teelichter angezündet und auf dem Badewannenrand verteilt, bevor sie in das Nass glitt. Sie sog besonnen den Duft des Badewassers ein und atmete tief durch, ließ sich fallen.

Glitzernde Lichtpunkte warfen optische Täuschungen an die lilienweiß gekachelte Wand, eine paradiesische Kulisse entstand. Ein unberührtes Eiland, das augenscheinlich noch kein Mensch vor ihr betreten hatte. Sie sah sich auf sonnenbeflecktem Kristallsand unter Palmen lustwandeln. Erlag dem Meeresrauschen, das sie über regenbogenfarben bepinseltem Wellengang zu bodenlosem Gewässer lockte.

Mit Sonne im Haar und Salz auf der Haut schwamm sie auf den Wogen des Lebens, leicht und unbeschwert.

Fasziniert schaute sie auf die Insel zurück, bevor sie im Meer untertauchte. Die aufschäumende Gischt verschlang ihre Fußspuren, als wäre sie nie hier gewesen.

„Was machen Sie denn, Frau Selma?" Starke Arme zogen sie aus der Wanne heraus.

„Wollen Sie im Badewasser ersaufen?", fragte die Dame aus der Badeabteilung erschreckt, als sie Selma Patschnass auf einen Hocker setzte. Bis zur Nasenspitze war Selma im Heublumenbad versunken gewesen.

„Alles okay" entgegnete sie mit bibbernden Lippen und ließ sich in ein trockenes Badetuch einpacken.

Autogenes Training. Damit geht Selma seither gern auf Reisen.

VERNEBELT

Bunte Welt

Von Vorspiegelungen geblendet

In den Lichtschatten gefallen

Grau

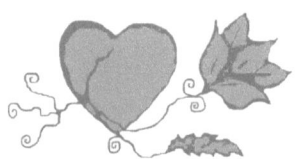

WER ANDEREN EINE GRUBE GRÄBT

Plötzlich, wie aus heiterem Himmel, stand er vor mir: Nicht persönlich, aber das Bild in der Tageszeitung erheiterte mich, und ich lief zur Hochform auf. Das widerwärtige Grinsen in seiner rundlichen blasierten Fratze sprang mir förmlich ins Gesicht. Das ist er, wie er leibt und lebt. Mister Hochmut, wie er von meinen ehemaligen Kollegen genannt wird. Zwei Jahre hatte er im Ausland gelebt, eine neue Fabrik errichtet.

Bürschchen, ich habe nichts vergessen. Nun, da du wieder zurück bist, ist die Zeit gekommen, dir alles zurückzuzahlen, was Du mir angetan hast. Wie lange habe ich auf diesen Moment gewartet, ihn herbeigesehnt!

Ein Orden würde ihm für seine Verdienste um die Stadt verliehen werden. Ausgerechnet ihm, diesem Mistkerl, der mein Leben ruiniert hat. Als Buchhalter war ich für ihn nur ein hirnloser Nichtsnutz. Bis zu dem Tag, an dem ich ihm zum nützlichen Trottel werden sollte.

***

Ich kam vom Junggesellenabschied, von meinem, denn ich wollte am darauf folgenden Tag meine Liebste zum Standesamt führen. Angeheitert und guter Laune torkelte ich am Parkplatz der Gaststätte vorbei. Und wen sah ich da? Ebenfalls alkoholisiert wankte mein Chef zu seinem Fahrzeug und setzte sich ans Steuer. Wie so oft hatte er sich in der *Pinte*, der beliebtesten Gaststätte im Ort, bis zur Sperrstunde als Arbeitgeber von Gottes Gnaden feiern lassen. Als ich ihn ansprach, um ihn auf die Polizeistreife am Ende der Straße hinzuweisen, gab er Gas und startete voll durch. Klar, was sollte man auch sonst von diesem arroganten Wichtigtuer erwarten.

Aber er kam nicht weit, hatte den Motor abgewürgt. Sollte ich jetzt schadenfroh sein? Eilig lief ich zu ihm, doch es war zu spät. Die Streife war bereits auf das Auto aufmerksam geworden. Mein Dienstherr kurbelte hastig die Seitenscheibe seiner Prachtkutsche herunter und zitierte mich herablassend zu sich. Ich solle mich schnell auf den Fahrersitz setzen, meinte er, wobei er behäbig auf den Beifahrersitz rutschte. Mein Schaden solle es nicht sein, näselte er süffisant. Mit einem hübschen Sümmchen würde er mich belohnen, wenn ich ihm aus dieser Misere helfe. Und der Schuldspruch fiele milde aus, dafür könne er schon sorgen und ein gutes Wort für mich beim Amtsrichter einlegen, einem seiner besten Freunde.

„Vitamin B ist immer förderlich, merken Sie sich das für die Zukunft, Sie Memme!", lallte er. Wann er mir das Geld zukommen lassen würde, erführe ich in den nächsten Tagen.

Überheblich saß er auf dem Beifahrersitz und versprach mir nuschelnd abermals, dass ich es nicht bereuen würde, ihn gerettet zu haben. Ein betrunkener Fabrikant am Steuer seines Wagens sei ja nicht gerade förderlich für sein Unternehmen.

Bevor ich das Angebot ablehnen konnte, öffnete er die Wagentür. Seine Hände griffen nach meiner Krawatte und zogen mich in das Fahrzeuginnere hinein.

Plumps. Da saß ich nun hinter dem Lenkrad, als der Streifenwagen mit flutendem Blaulicht neben der protzigen Karosse stoppte. Einer der Gesetzeshüter stieg aus.

„Fahrzeugpapiere und Führerschein bitte." Meine Hände krallten sich am Lenkrad fest, vor lauter Wut hätte ich hineinbeißen können. Warum nur? Warum geriet gerade ich in solchen Schlamassel? Nur weil man ein guter Mensch sein will?

Mein Helfersyndrom wurde nun mein Verhängnis. Ich griff in meine Anzugjacke und … nichts. Meine Papiere lagen zu Hause auf der Anrichte.

Ich war zum Junggesellenabschied mit dem Taxi gefahren und wollte auch wieder mit dem Mietwagen zurück. Das schien mir besser zu sein, denn meine Kumpel hatten ja einiges vor mit mir. Zu recht, wie es sich gezeigt hatte, fahren konnte ich jetzt mit reichlich Promille im Blut nicht mehr.

„Steigen sie bitte aus. Haben Sie Alkohol getrunken?", fragte mich der Beamte. Jetzt verneinen, war keine Option. Denkbar ungünstig, denn meine Alkoholfahne wehte im Abendlüftchen zu ihm herüber. Und als er mir die Tüte zum Blasen zureichte, knickten meine Beine weg.

Ich wollte mich bei dem Polizisten festhalten, versetzte ihm dabei versehentlich einen Faustschlag ins Gesicht, rutschte an seiner Uniform ab und riss ihn mit mir zu Boden. Na Bravo! Wie zum Teufel konnte mir das passieren?

Mein Schädel brummte, ich hatte Nullkommanichts eine dicke Beule vom Sturz auf das Pflaster. Zum Lachen war mir jedenfalls nicht mehr zumute. Chancenlos, aus dieser Falle herauszukommen.

Klick, machten die Handschellen, der Polizist drückte meinen Kopf herunter und schob mich auf den Rücksitz in den Streifenwagen. Die anschließende Blutprobe im Krankenhaus ergab 2,64 Promille.

Am nächsten Tag erwachte ich in der Ausnüchterungszelle auf dem Präsidium. Meine zukünftige Frau holte mich von der Wache ab. Bis zur Gerichtsverhandlung war ich auf freiem Fuß, denn es bestand keine Verdunklungsgefahr. Die Trauung hatte meine Verlobte abgesagt, sie wolle erst den Gerichtstermin abwarten?!

Hätte mir eigentlich damals schon zu denken geben müssen.

***

Es kam zu einer saftigen Anzeige. Fahren ohne Führerschein, noch dazu unter Alkoholeinfluss, das ist keine Bagatelle. Überdies kam der tätliche Angriff auf einen Polizeibeamten hinzu. Was so nicht stimmte, aber alles sprach dafür, und ich konnte das Gegenteil nicht beweisen.

Der mir vom Sozialgericht als Rechtsbeistand zugeteilte Anwalt riet mir, von meinem Recht der Aussageverweigerung Gebrauch zu machen. Nein, das wollte ich auf keinen Fall! Ich wollte meine

Trumpfkarte aufspielen, wollte den miesen Lügner und seine Gesinnung öffentlich vor allen Leuten entlarven.

Leider freute ich mich zu früh. Wovon träumte ich eigentlich des Nachts?

***

Mein ehemaliger Arbeitgeber war als Zeuge geladen worden. Natürlich dementierte er lauthals meine Einlassung, dass ich zu diesem Vorfall von ihm genötigt worden sei. Er lehnte jede Verantwortung für mein Tun ab. Ich hätte mich ihm förmlich aufgedrängt, ihn nach Hause zu fahren, um bei ihm Pluspunkte zu sammeln.

Mein wutentbranntes: „Das ist eine glatte Lüge", wurde vom Richter scharf gerügt. „Zügeln sie Ihre Worte", donnerte er mich regelrecht an, „bevor Sie hier einen sehr angesehenen Bürger unserer Stadt verunglimpfen und seinen guten Ruf schädigen! Die Beweislage ist eindeutig: Die KTU fand Ihre Fingerabdrücke auf dem Lenkrad des Fahrzeuges."

Geschmiert, klar, geschmiert hat er dich!, schoss es mir durch den Kopf.

Zusammengekauert saß ich auf der Anklagebank und vernahm den Schuldspruch wie aus weiter Ferne. Das war´s. Der Deal mit meinem ehemaligen Vorgesetzten war geplatzt.

Da ich mir bisher nichts hatte zuschulden kommen lassen, wurde mir eine saftige Geldstrafe aufgebrummt. Dazu achtzehn Monate Führerscheinentzug. Natürlich wollte ich die geforderte Summe nicht aufbringen und musste stattdessen in den Knast, um dort eine entsprechende Ersatzfreiheitsstrafe „abzusitzen".

***

Von dem schmierigen Nutznießer meiner Dummheit sah ich natürlich keinen Cent. Und da ich nun vorbestraft war, bekam ich nach meiner Entlassung aus der Vollzugsanstalt keinen geeigneten Job mehr. Die Hochzeit war geplatzt, denn meine Verlobte wollte nichts mit einem Vorbestraften zu tun haben. Es klingelte in meinen Ohren. Da war doch was gewe-

sen?! Deshalb hatte sie den Hochzeits-
termin abgesagt!

Da saß ich nun. Alles was mir lieb und
teuer gewesen war, hatte ich verloren.
Meine Wohnung war leer geräumt, mein
Auto beschlagnahmt, weil ich die Versi-
cherung nicht abgemeldet hatte, und den
Kredit bei der Bank konnte ich auch nicht
mehr bedienen. Ich musste mir eine
neue Bleibe suchen und beantragte not-
gedrungen Hartz IV, lebte also quasi auf
Pump.

Meine Braut hatte sich der niederträchti-
ge Kerl zwischenzeitlich auch geangelt.
Für ein Leben in Saus und Braus mit ihm
hat sie mich verlassen. Gefühle spielten
für sie wohl keine Rolle mehr.

***

Nun ist endlich mein Tag gekommen.
Heute werde ich dein Henker sein und
das vor langer Zeit von mir gefällte Urteil
vollstrecken. Büßen wirst du für das, was
du mir angetan hast. Um Gnade winseln,
wenn ich dich in meinen Fängen habe.
Die Grube im Arnsberger Wald ist schon

ausgehoben. Rache ist süß. Denn für dich wird der heutige Abend bitter enden.

Niemand wird ihn nach der Feier vermissen. Ich habe mein Vorhaben vielfach durchdacht und alle notwendigen Vorbereitungen getroffen. Die Ordensverleihung findet bei einem kleinen Empfang in der *Pinte* statt, ausgerechnet dort wo alles begann. Der VW-Bully, den ich von einem Knastbruder erworben habe, steht hinter der Gaststätte bereit, in der sich in wenigen Minuten der große „Gönner der Stadt" in seiner Beliebtheit sonnen wird. Das Kurzzeitkennzeichen ist am Wagen angebracht, Schaufel und Spaten sind verladen und die Flasche Wasser mit dem aufgelösten Sedativum darin ist ebenfalls deponiert. Es ist ein perfekter, wenn auch perfider Plan. Ich sehe schon freudig die Schlagzeile im morgigen Tageblatt: Entführung mit Lösegeldforderung.

Besagter Kumpel, der mit mir aus dem Knast entlassen wurde, ist mir eine große Hilfe gewesen. Er hatte recherchiert und mich darüber informiert, dass der Firmeninhaber als letzter die Feierlichkeiten seiner Ordensverleihung verlassen würde. Natürlich um sich anschließend noch privat von seinen Freunden feiern zu lassen.

Ich befahre mit dem geliehenen alten Passat meines Kumpels die Straße zur Innenstadt, als das Fahrzeug unerwartet den Geist aufgibt. *Verdammt, habe ich vor lauter Rachegelüsten vergessen zu tanken?* Rauch steigt aus der Motorhaube auf. Auch das noch. Ungeduldig laufe ich um das Fahrzeug herum, meine Hände zittern, mein Denkzentrum arbeitet im Leerlauf. Ich starre übellaunig auf die Armbanduhr. Verflixt und zugenäht, dieses Malheur wird mir doch nicht meine geplante Aktion vermasseln?

Seine Selbstdarstellung würde nun ohne mich stattfinden. Aber wie könnte ich sicherstellen, dass ich zumindest noch vor Schluss der Veranstaltung die *Pinte* erreiche? *Ein Fahrzeug kurzschließen ... die Zeit reicht auch noch zu Fuß ...,* rotiert es hinter meiner Stirn. Und dann:

Los, mach hin! Kopflos mache ich mich auf die Socken.

Schon von weitem höre ich lautes Stimmengewirr, als ich mich nach fast einer Dreiviertelstunde strammem Fußmarsch der *Pinte* nähere. Aber es klingt nicht nach einer fröhlichen Stimmung der Anwesenden, es hört sich eher nach Aufgeregtheit an.

Und dann sehe ich es: Polizeibeamte haben die Umgebung abgesperrt und Passanten werden von ihnen nach Hinweisen einer Täterbeschreibung befragt.

Täterbeschreibung? Was geht denn hier ab? Ich schlängele mich durch die Vielzahl erzählender Voyeure hindurch und falle vom Glauben ab. Was ich zu hören bekomme, grenzt an bodenlose Unverfrorenheit. Es setzt dem ganzen die Krone auf!

Mein Plan! Das war mein Plan, will ich der Menge kundtun. Es schlägt doch dem Fass den Boden aus: Mein Kumpel, der hinterfotzige Schleimer, hat mich ausgetrickst. MICH aufs Glatteis geführt!

Doch ich halte mich lieber bedeckt und mache mich nach einer Weile grinsend vom Acker. Jeder bekommt das, was er verdient, und ich kann meine Hände in Unschuld waschen. Und bevor ich noch mal im Bau lande, verzichte ich lieber auf das Lösegeld. Manche Dinge erledigen sich eben von selbst.

Der frisch mit einem Orden dekorierte Firmenchef war von zwei maskierten Männern in einem hinter dem Gasthaus abgestellten alten VW-Bully entführt worden.

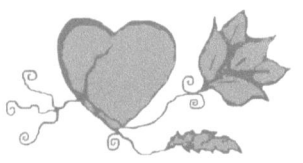

Danke

Ich möchte mich ganz herzlich
beim Boerdeautoren Rudolf Koester
für die Durchsicht meiner Texte
bedanken.

HOBBY/AUTORIN: LUZIE IRENE PEIN,

1950 in Lippstadt/NRW geboren, veröffentlicht Allegorien und Aphorismen: Gedichte über Erlebnisse, Gefühle, Natur und Sinnesfindung. Des Weiteren Kurzgeschichten in verschiedenen Anthologien, in denen sie die Leser gern in die Irre führt. In ihrem Sati(e)re Buch zeigt sie, dass sie auch einen Hang zum Komischen hat.

Fotos literarisch zu untermalen ist eine weitere Leidenschaft von ihr.

Ihr Mantra lautet:

LEBE BEWUSST –

IM HIER UND JETZT

Gründungsmitglied 2018 der Bördedeautoren
https://boerdeautoren.jimdofree.com
luzie-irene-pein.jimdosite.com

Eigene Veröffentlichungen

2009: Einfache – Ehrliche – Emotionen

Gedichtband – Liebesgeschichte in Gedichtform

***

2014:Gedichtband,
Allegorien und Aphorismen

Lebendigkeit – Bedarf der Liebe

Ein Gedichtband mit teils traurigen, sehnsuchts- und geheimnisvollen Texten. Verpackt in Allegorien und Aphorismen.

ISBN: 978-3-7357-2058-0,

Verlag:BoD – Books on Demand GmbH, Norderstedt

***

2015: Buch

Frösche – Hühner und andere Sati(e)re

Menschen und Tiere.

Ähnlichkeiten sind nicht beabsichtigt.

ISBN: 978-3-7392-2054-3

Verlag:BoD – Books on Demand GmbH, Norderstedt

***

2015: Buch
Mein Buch der Geschichten und Gedichte

ISBN:978-3-9224-2412-1

Verlag:BoD – Books on Demand GmbH, Norderstedt

2019

Bruchstücke –Was bleibt?

Erinnerungen aus Erlebnissen und Erzählungen.

Kurze Episoden in denen sich Reales mit Fiktivem vermischt. Heitere und traurige Gedichte, Alltagsgeschichten über Liebe, Leidenschaft, Weggang und Hoffnung.

(Versteckte Botschaften?)

***

2020

Rendezvous mit meinem Herzen

In diesem Büchlein kann der Leser – ein stiller Betrachter des Rendezvous – mit dem Herzen der Autorin sein.

ISBN:

***

43 Gedichte, bereits veröffentlicht in der Internet-Gedichte-Datenbank von Jokers der besten deutschsprachigen Gedichte, Weltbild-Verlag.

***

Des Weiteren:

Kurzgeschichten veröffentlicht in diversen Anthologien